आठवाँ अजूबा

(हास्य-व्यंग-काव्य संग्रह)

'एस. एम. कौसर रिज़वी'

GenNext Publication

आठवाँ अजूबा (हास्य-व्यंग-काव्य संग्रह)

ISBN: 978-93-8022-265-3

मूल्य : 180

भारत में सन् 2015 में प्रकाशित
जेनेक्स्ट पब्लिकेशन
23, मैन अंसारी रोड, दरियागंज
नई दिल्ली-110002
Phone : 23282060, 23261060
ई-मेल : gennext@hotmail.com

टंकण कार्य : अवधेश कम्प्यूटर्स, दिल्ली
मुद्रित : Isha Prints

आठवाँ अजूबा

अपनी

ख़ुश-मिज़ाज

बहुओं

ज़ीनत, फ़िरदौस (शैज़ी)

सुप्रिया मोदी

सना दावर

इरम शिकोह

शानम रिज़वी, हुमैरा रिज़वी

(Laughing-Buddha)

और

पोत-बहुओं

शाँदा

एवं

कहकशाँ

को समर्पित

जो मुझे क्रमशः चचामियाँ, चामू, चामूजी, रिज़वी-अंकल, मामू, बाबा और दादा कहती हैं।

कौसर रिज़वी

तालिका

'दो-शब्द'

जिन्दगी के दोराहे पर दो सवाल, नाडियाडवाला की पुरानी फ़िल्मों के नक़ाबपोश क़ज़्ज़ाक़[1] हीरो की तरह, हमें हमेशा चैलंज करते रहे। और ये दो सवाल हैं—

हम क्यों हैं? और क्या है? इस का जवाब हम खुद भी नहीं दें सकते। खुदा बेहतर जानता है या वालिदैन[2]। माँ बाप, अल्लाह को प्यारे हुए। अब किस से पूछें कि हम क्यों हैं?

हम क्या हैं? यह सवाल मुख़्तलिफ़[3] हालात[4] में हमारी औक़ात[5] याद दिलाता रहा। हम कुढ़ते रहे, मुँह बिसोरते रहे लेकिन इन सबसे कुछ हासिल होने वाला नहीं था। लिहाज़ा[6] तबस्सुम[7] का सहारा लिया और कारज़ारे-हयात[8] में Fevicol के हाथी की तरह बेहतरीन चस्पीदगी या चिपकीदगी का मुज़ाहिरा[9] किया। यानी हँसने मुस्कुराने और दूसरों को मुस्कुराते देखते रहने का अहद[10] किया। फ़िक्र-ओ-आलाम[11] की इस दुनिया में जहाँ मुस्कुराहटें कम हैं, मुस्कुराना, क़हक़हे लगाना, हँसना हँसाना, दिल जिगर गुर्दे का काम है। यही वजह है कि दिल, जिगर-गुर्दे फ़िल्हाल ठीक हैं। एक मिज़ाह[12]-निगार के लिये, ज़िन्दगी की आँच भाप से मिज़ाह कशीद करना, जिगरकारी भी है और जुगत बाज़ी भी। यह काम कहाँ तक कामयाब रहा, इस का फ़ैसला करना आप का काम है। सहमति, असहमती दोनों का स्वागत है।

—'कौसर' रिज़वी

---

1. लुटेरा 2. माँ-बाप 3. विभिन्न 4. परिस्थितियों 5. मान-मर्यादा, मूल्य 6. अतः 7. मुस्कान 8. जीवन का रण क्षेत्र 9. प्रदर्शन 10. निश्चय 11. दुःख, निषाद 12. हास्यलेखक, कवि।

(Prescription)

ज़िन्दिगी के गुलों से इत्र निकालने के लिए ज़रूरी नहीं कि आप का सिलासिला, लखनऊ के प्राचीन और प्रसिद्ध इत्रसाज़ असग़र अली, मुहम्मद अली के ख़ानदान से मिलता हो तथा दिन-प्रतिदिन के जीवन में तो बिल्कुल ही नहीं। जीवन में हास्य का ख़मीर उठाना असम्भव नहीं तो मुश्किल ज़रूर है। जीवन के शूल भरे रास्तों पर जहाँ बिपदाएँ, और मुश्किलें और कठिनाईयाँ ही कठिनाईयाँ हैं, मुस्कुराहटें लुप्त हैं, मुँह बिसोरती शक्लें ज्यादा हैं, वहाँ ये मुश्किल काम, कौसर रिज़वी ने सरल कर दिखाया है। उन्होंने अपनी गुलकारियों से लोगों के दिलों को गुदगुदाया है, होठों पर मुस्कान बिखेरी है और जिन्दिगी के घुटे हुए माहौल में ताज़ा आक्सीजन प्रदान करने का काम किया है। वह लिखते हैं—

किसी के दिल का दुखाना बहुत बड़ा है गुनाह
कि ऐसे लोगों से सब माँगते हैं मिल के पनाह,
ख़ुशी का बाँटना दुनिया में क्या सवाब[1] नहीं
मिज़ाह निगार[2] पे अल्लाह का कुछ अज़ाब[3] नहीं
अगरचे, ख़ुद में वह होता है दर्द-ओग़म का असीर[4]
उठाता रहता है फिर भी तो वह मिज़ाह का खमीर।

हास्य व्यंग्य के उनके पूरे संग्रह में गुल ही गुल है, सौरभ की सौरभ है। कहीं मुस्कुराहटें है तो कहीं क़हक़हें। मेरा दावा है कि उनके हास्य-रस का स्वाद लेकर आप की आँखें और कान बोझल नहीं होंगे, बल्कि आप की आत्मा और आप के विवेक को एक नई ताज़गी का आभास होगा।

---

1. पुण्य 2. हास्य लेखक, कवि 3. दैवी विपत्ति 4. बन्दी

कहीं कहीं व्यंग्य का समावेश भी है। जिसकी हल्की या तेज़ चुभन को आप खुशी-खुशी सहन करने पर मजबूर होंगे। हास्य-व्यंग्य काव्य सग्रह, "आठवाँ अजूबा" की अपनी एक कहानी है। हास्य व्यंग्य में जब तक खुद को निशाना न बनाया जाए, बात नहीं बनती। "आठवाँ-अजूबा" दरअस्ल उस कीवता का शीर्षक है जो उन्होंने स्वयं पर लिखी है। चूकिं वह अपने माँ बाप की आठवीं संतान थे अतः उन्होंने स्वयं को आठवें अजूबे की उपमा दी है। वे लिखते हैं—

"दुनिया में यों तो सात अजूबे जरूर हैं,
हम आठवाँ, जहां का अजूबा मशहूर हैं।

माँ बाप अपने सात अजायब पे थे मसरूर[1]
हम क़िदवी[2] बनके आठवें पहुँचे थे जा हुज़ूर।

संतान एक-ओ-दो के बहुत होते हैं अरमान,
कुछ तीसरी भी अपनी बना लेती है पहचान।

बाद इसके गिने जाते हैं सब आम आदमी,
सब का जो दिल-ओ-जान वही आम आदमी।

पूरा यक़ीं है, लाने की हम को न थी मुहिम[3],
क़ुदरत ने ला पटख़ने की छीड़ी थी इक मुहिम।

बन कर जो घर में पहुँचे थे हम आठवीं औलाद,
हम जानते हैं, जश्न हुआ होगा न मीलाद।

ये मुआमला ममता का था या सूद कि दरसूद,
नानी तो हम को देखकर पढ़ने लगी दुरूद।

ऐ क्या खुदा की शान है सूरत है चाँद सी,
गो शक्ल हू-बहु[4] थी मुहर्रम के चाँद सी।

लाग़र[5] थे, नातवाँ[6] थे यों ज़ार-ओ-नहीफ़[7] थे
ना ताक़ती थी इतनी कि लगते ज़ईफ़[8] थे।

सुनते हैं हम को पाला गया रूई में रखकर
महफ़ूज़[9] करें जैसे गुहर[10] — रूई में रख कर।

यों मर्कज़े निगाह[11] थे हफ़्तुम[12] उदास था,
हम जब तलक न आये थे वह ही तो ख़ास था।

हम सीनियर माँ-बाप की औलाद थे हश्तुम[13],
गोदी में लिये फिरत थे अव्वल से ता[14] शशुम।

सुख आठवें अजूबे का समझेगा बस वही
जो सात सीढ़ियों को फलॉगा हो बस वही।

---

1. खुश 2. प्रार्थी 3. अभियान 4. The Same, Ditto 5. कमज़ोर 6. अशकृत 7. जीर्ण-शीर्ण 8. बूढ़े 9. सुरीक्षत 10. मोती 11. सबकी नज़रों का केन्द्र बिन्दु अर्थात प्यार 12. सातवाँ 13. आठवीं या आठवाँ। 14. पहली से छठी औलाद तक (हम से बड़े सभी भाई बहन)

इस कविता के हिसाब से कौसर रिज़वी ने अपने इस काव्य सग्रंह का नाम भी "आठवां अजूबा" ही रखा है। इस आठवें अजूबे ने उर्दू-हिन्दी साहित्य में क्या गुल खिलाये हैं इसका अन्दाज़ा तो पूरे सग्रंह को पढ़ कर ही लगाया जा सकता है। यों तो इस संग्रह में दिन-प्रतिदिन की घटनाओं और सुखद-दुर्घटनाओं का वर्णन है लेकिन कहीं कहीं किसी त्रासदी से या फिर मरने से पहले और मरने के बाद की आशंकाओं से भी हास्य-व्यंग्य पैदा करने की कोशिश की गई है। उदाहरणार्थ—

"पूछा ये फ़रिश्ते ने कड़क करके लहद में"

अथवा

"सोये हुए थे क़ब्रों में मुर्दे सुकून से"

या फिर

ये पाप न डुबकी से ने जल के प्रवाह से
धुलते हैं ने जलते है ये मरघट की दाह से।

एक जगह लिखते हैं:—

कहते थे उनसे अपना वज़न न बढ़ाईये,
(GYM) के रोज़ अपने बदन को घटाईये,

लेकिन उन्होंने किस की सुनी चल दिये मरहूम
उनकी इस अनसुनी पे सभी आज हैं मग़मूम।

जो जीते जी उठा न सके थे खुद अपना भार
यारों के लिये आज वह खुद हो गए थे बार।

वक़्ते वफ़ात वह थे महज़ दो सौ दस किलो,
और उस पे लम्बा चौड़ा कफ़न वह भी दस किलो।

थे जाने माने शहर के अच्छे मिज़ाह-निगार,
यारों ने सदा उनकी सुनी कानों में यकबार।

काँधा न मुझ को देने से दामन बचाईये,
''बस हो चुकी नमाज़ — जनाज़ा उठाईये।

आये है यहाँ तक तो लहद जाना ज़रूरी,
गर चार से मुश्किल है तो फिर आठ उठाईये।

मिल जुल के उठाओगे तो उठ जाएगा ये बोझ,
काँधा अगर दुख जाए तो दूजे का चाहिए।

इसके अलावा पहली शबेबरात के शीर्षक से एक कविता है जिस में देश के विभाजन की त्रासदी का वर्णन है जो दोनों देशों के राजनीतिज्ञों पर भरपूर व्यंग्य है।

मुमकिन है कि आम ज़िन्दिगी में आपने जो लतीफ़े या Jokes सुन रखे हों उन्हें कौसर रिज़वी ने आठवाँ अजूबा में काव्य रूप देकर सुन्दर और दिलचस्प बना दिया है। वैसे तो आपको इस सग्रंह में हर शीर्षक के विस्तार में जाकर लुत्फ़ आयेगा लेकिन ज़्यादा तर घटनाएं जो बिल्कुल वास्तविक है बहुत ही दिलचस्प और मनमोहक हैं। विशेषतयः— 'पटना में हुआ खतना, 'डैडी हैं थे उनके डॉन, तर्सीली वसायल (रांचार-माध्यम) 'गाना, गाऊँगा', दिल तो दीजये-दिलटु रुबा को, हाइसिंग सोसाइटी, नेअमत, हुए मर के तुम पे रुसवा, हमें बैंगन से क्या?

मेड (Maid) एन-डी-तिवारी, उनका सेहरा, आता हुआ शबाब तो जाता हुआ शबाब, झालर, और 'नई कॉलोनी में वान्टेड बनने का सपना वग़ैरा। सब से खास बात, किसी घटना को काव्य रूप देने और उसका शीर्षक देने में काफी सूझबूझ से काम लिया गया जिस में कौसर रिज़वी के (Sense of Humour) को दख़ल है।

लीजिये आठवाँ अजूबा पढ़िये और सिर धुनिये। जब जब तबीयत उदास हो, आठवाँ अजूबा की दो चार Doses ही काफ़ी हैं। इनशा अल्लाह तबीयत में सुधार अवश्य होगा।

एक जगह वह स्वयं ये कहते हैं:—

'समझूंगा यही मैं कि सुआरत हुई मेहनत,
बहली जो तबीयत हो अगर मेरे सुखन से,

एक राय उनकी यह भी है कि—

जिस दिन भी आप का न कोई क़हक़हा लगे
बस आप यह समझ लें कि दिन WASTE हो गया।

प्रो. डॉ. महमूद आलम

भूतपूर्व चेयरमैन, सेन्टर फ़ॉर
पर्शियन एण्ड एशियन स्टडीज
ज्वाहरलाल नेहरू, यूनिवर्सिटी
नई देहली-110069

'आठवाँ—अजूबा'

(1)

दुनिया में यूँ तो सात अजूबे[1] ज़रूर हैं,
हम आठवाँ जहाँ का अजूबा मशहूर हैं।

(2)

माँ बाप अपने सात अजाएब पे थे मसरूर[2]
हम फ़िदवी बन के आठवें पहुँचे थे जा हुज़ूर।

(3)

सन्तान एक ओ-दो के, बहुत होते हैं अरमान,
कुछ तीसरी भी, अपनी बना लेती है पहचान।

(4)

बाद इसके गिने जाते हैं सब, आम आदमी
सबका जो दिल-ओ-जान वही आम आदमी

(5)

पूरा यक़ीं है, लाने की हमको न थी मुहिम[3]
कुदरत ने, ला पटख़ने की छेड़ी थी इक मुहिम[4]।

(6)

बनकर जो घर में पहुँचे थे, हम आठवीं औलाद
हम जानते है, जश्न हुआ होगा, न मीलाद।

(7)

ये मुआमला ममता का था, या सूद कि दर-सूद
नानी तो हमको देख कर पढ़ने लगीं दुरूद[5]।

(8)

ऐ क्या ख़ुदा की शान है सूरत है चाँद सी,
गो शक्ल हू-बहु[6] थी, मुहर्रम के चाँद सी।

(9)

लाग़र[7] थे नातवाँ[8] थे, यों ज़ार-ओ-नहीफ़[9] थे,
ना-ताक़ती[10] थी इतनी किं लगते ज़ईफ[11] थे।

(10)

सुनते हैं, हमको पाला गया, रूई में रखकर,
महफ़ूज़[12] करें जैसे गुहर[13], रूई में रखकर।

(11)

यों मर्कज़े[14]-निगाह थे, हक़्तुम[15] उदास था,
हम जब तलक न आए थे, वह ही तो ख़ास था।

(12)

हम सीनियर माँ-बाप की औलाद थे हश्तुम[16]
गोदी में लिए फिरते थे, अव्वल से-ता-शशुम[17]

(13)

सुख आठवें अजूबे का, समझेगा बस वही,
जो सात सीढ़ियों को, फलाँगा हो बस वही।

---

1. Seven Wonders 2. खुश 3. प्रार्थी 4. अभियान 5. Allah Humma Salley Ala Mohammdin wa Aaley Mohammad (A Sentance in praise of Allah, Mohd. (S.W.A) and his family 6. The same, Ditto 7- Lean thin 8. कमज़ोर 9. जीर्ण-शीर्ण 10. अशक्त, कमज़ोरी 11. Aged बूढ़ा 12. सुरक्षित 13. मोती 14. सब की निगाहों का केन्द्र बिन्दु अर्थात् प्यारा 15. सातवाँ 16. आठवीं या आठवां 17. पहली से छठी औलाद अर्थात (हम से बड़े सभी भाई बहिन)।

‘वह जो जीते थे कभी’

(1)

वह जो जीते थे कभी, सांस को अन्दर लेकर,
ऐसे ज़िदयाए हैं, छोड़ा नहीं बाहर लेकर।

(2)

साल-ए-नौ की जो ख़बर आया, दिसम्बर लेकर
जनवरी ख़ुश है, चलूँगी मैं कलेन्डर लेकर।

(3)

उनसे रस्मन ही कहा था कि कभी घर आयें,
आन पहुँचे हैं वही हाथों में बिस्तर लेकर।

(4)

जब तलक देख न ले, कैसे वह शादी कर ले,
इतना सुनना था चले आए वह सिस्टर लेकर।

(5)

कल तलक सीने पे, जिनके थी हया की चादर
अब गले में लिए फिरते हैं, वह मफ़लर लेकर।

(6)

ऊँचा सुनते हैं बुलाया था जोगिन्दर को यहाँ
वह चले आए हैं हाथों में चुक़न्दर लेकर।

(7)

आख़िरी साँस ही, वह ढंग की कुछ ले सकते,
जल्द आ जाते अगर तुम जो सिलण्डर लेकर

(8)

बाद मरने के भी, दुनिया में हो इक अपना मुक़ाम
हसरतें दिल में लिए फिरते है ‘कौसर’ लेकर।

टपोरी टाइप की ग़ज़ल
(लेकिन अदबी, ग़ज़लयत और मानवियत से भरपूर)

(1)

तुम तो शादाब-ओ-मुअत्तर[1] हो गुलेतर[2] की तरह
और हँसीतर[3] हो फ़लक[4] पर, महेअनवर[5] की तरह

(2)

प्यार के नाम पर हो लाल, चुकन्दर की तरह
ऐसे बिगड़ों न मेरी जान! मुक़द्दर की तरह।

(3)

आओ! दुनिया के लिए मिल के एक चट्टान बनें
तन्हा तन्हा न रहो राह के पत्थर की तरह।

(4)

चंद ही रोज़ सही, साथ तेरा—ख़ूब रहा,
पूरे सब हो गए अरमान सिकन्दर की तरह

(5)

बर तुम्हें मिल ही गया, तुमने बसाया है दुबई
हम वही फिरते हैं तन्हा से फटीचर की तरह

(6)

तुम तो राहु की तरह शुभ हो सभी में जानम!
हम तो बदनाम हैं लोगों में सनीचर की तरह

---

1. ताज़ा ओर सुगन्धित 2. ताज़ा फूल 3. अति सुन्दर 4. गगन, आकश 5. चमकता हुआ चॉद

'ज़िन्दा हूँ मैं अभी'

मर्दुम[1]-शुमारी करने को पहुँचा था मैं जहाँ,
मैडम डिसूज़ा नाम की रहती थीं, इक वहाँ,
उनसे ये पूछा, आप के बच्चे हैं कितने जी?
इठला के बोलीं खेल रहें हैं ये तीन जी!
ये छः का, यह है दो का, यह है एक साल की
पूछा ये मैंने, करते हैं क्या आप के हस्बैंड?
बोलीं कि बरस चार हुआ, मर चुका हस्बैंड
हैरान था कि कैसे ये पूछँ कि मेम साहब!
किस खाते में ये जाँएगें, दो आखिरी बच्चे?
ख़ामोश मुझ को देखकर, गोया[2] हुईं मुझ से
You Man! सोचता है क्या, हम सब समझ गया!
ये जान लो कि दुनिया ये रुकती कभी नहीं,
दुनिया से 'वह' गया है मगर मैं अभी नहीं।

---

1. जनगणना 2. बोलीं

'मैं लुट गया होता'

इक भोले भाले रोगी ने सर्जन से यह कहा,
ज़ख़्मों में तीन टाँके लगाने के सौ रूपैए?
''अच्छा हुआ जनाब कि दर्ज़ी नहीं हुए!
होता अगर जो ऐसा, तो मैं लुट गया होता।''

कुछ मेरे सुख़न से

(1)

मरने के बाद मेरे, वह लिपटे जो बदन से,
खुश्बू उन्हीं की आती रही मेरे कफ़न से।

(2)

मैं ख़ुशनसीब! मुझ पे चढ़ा दी वही चादर
आई थी उनके वास्ते, जो ख़ास यमन से।

(3)

परवाह न थी कि मैं था ज़माने से Disconnect
पैग़ाम मिल रहे थे मुझे उनके नयन से।

(4)

पलकें थी या कटार, या नैज़े थे, या कि तीर
उठती थीं बार-बार, परीशाँ थे चुभन से।

(5)

दल बदली अजब दिल की, वही उनसे जा मिला
पाला था हमने जिस को बड़े नाज़-ओ-जतन[1] से

(6)

वादा किया, ब्याह भी किया, दो से दस हुए,
पीछे न हम हटे थे कभी, अपने वचन से।

(7)

हम ने ख़ुदा से माँगी थी औलाद-ए-नरीना[2]
और यह भी तो चाहा था कि हो उनके बत्न[3] से

(8)

शादी से पहले यों तो महज़[4] एवज़ी[5] प थे,
अब हैं जो परमानेन्ट, तो हैं उनके चयन[6] से।

(9)

दिल चाहा कि बस फाड़ दे Divorce के पेपर,
दस्तख़त जो किए उसने, बड़े रंज-ओ-मेहन[7] से।

(10)

हैं मुन्तज़िर कि रोटी भी, चूल्हें पे सेंक लें।
आटा चुरा के बैठे हैं वह, उनकी लगन[8] से।

(11)

जानेगा वही, माँग और सप्लाई का बैलन्स,
परदेस में हो, दूर हो, जो अपने वतन से।

(12)

समझूँगा यही मैं कि सुआरत[9] हुई मेहनत,
बहली जो तबीअत हो अगर मेरे सुख़न से।

---

1. लाड़ प्यार, बड़ी कोशिशों से 2. लड़का, बेटा 3. गर्भाशय (Womb) 4. केवल 5. दिहाड़ी पर अर्थात् Casual 6. चुनाव, पसंद, इन्तिख़ाब। 7. दुःख दर्द के साथ, अतिकुंठित मन से 8. परात, जिस में आटा गूँथा जाता है। 9. सफल।

'मज़ा'

जूतों के तंग होने का अपना है एक मज़ा
दुनिया के रंज-ओ-ग़म[1] आलाम[2] भूल जा।

1. दुःख दर्द, 2. बिपदाएँ

'ग़नीमत है'

है सफ़र ज़िन्दिगी का बड़ा मुख़्तसर
राह में तुम हँसो और खुलके हंसों!
है ग़नीमत कि मुँह में अभी दाँत हैं।
कल को ये दाँत न हों तो कुछ ग़म नहीं!
कुछ हँसी चन्दा-मामा की भी कम नहीं!

'फ़ेस-बुक'

किसी को जब मैं सुनाता था अपनी कोई ग़ज़ल
छुड़ा के जान चला जाता था वह मुझ से निकल
ज़माना ये है कि, सब फस बुक से चिपके हैं,
सिवाय पढ़ने के अब कोई नहीं इसका बदल
हैं वे मजबूर उधर।
मैं-हूँ-मसरूर[1] इधर।
बस यों समझिये कि
Book पढ़ाना, मेरा मक़सद ठहरा।
Face करना है, उनकी मजबूरी।

---

1. खुश, प्रसन्न

झिकाईयाँ

(1)

ख़ुदा से माँगा था उसको दुहाईयाँ[1] देकर,
मुझ ही से भागा है मुझको झिकाईयाँ[2] देकर।

(2)

यही तो चाहा था, जाड़ा कटे ये दूई[3] से,
वह हँसके चल दिये मुझको रज़ाईयाँ देकर।

(3)

नतीजा देखें कि क़िस्मत से क्या निकलता है
चले तो आए हैं उनको मिठाईयाँ देकर।

(4)

न सोयें आप यहाँ, आज मुझको सोने दें
बिगड़ के मुझ से वह बोले चटाईयाँ देकर।

(5)

पलट के, भूले से खाली है, नींद की गोली
पड़े जो सोते हैं, मुझको दवाईयाँ देकर।

(6)

रकीब[4] को तो किया पेश क़ोरमा-ओ-कबाब
और मुझको भूल गए हैं चपातियां देकर।

(7)

ज़ुबाँ से कह न सकीं बाप बनने वाले हो,
लजा के भाग गई हैं खटाईयाँ देकर।

(8)

इसी के साथ का सोने का एक सेट लादो,
वह हँस के बोले ये, कानों की बालियाँ देकर।

(9)

मैं अपने बंद गले कोट पर कहाँ बाँधू?
चिढ़ा के चल दिये मुझको वह टाईयाँ देकर।

(10)

ज़हे-नसीब[5] कि अब टूट कर वह मिलते हैं
मैं खुश हूँ उनको सभी अपनी खामियाँ[6] देकर

(11)

हमारे सब्र[7] का, पैमाना टूटने जो लगा,
बुलाया ग़ैरों को ख़िलवत[8] में तालियाँ देकर

और अब

(Against Capital Punishment)

(12)

जो जान दे नहीं सकते तो, जान लेना क्यों,
वह जान लें जो बहुत ख़ुश हैं फाँसियां देकर।

---

1. ललक से याचना करना 2. Dodge 3. चिपटना, चिमट के सोना 4. प्रतिद्विन्दी-Rival 5. अहोः भाग्य हमारे 6. कमियाँ, बुराईयाँ 7. धैर्य, धीरज 8. एकांत।

'ऊपर वाला मेहरबान'

अर्से[1] क बाद वह मिले, मैंने किया सलाम,
मिलकर वह ख़ुश हुए, कहा व-अलैकुमुस-सलाम
सब हालचाल पूछ के हम, मुतमइन[2] हुए,
पूछा ये मैंने बच्चे हैं कितने जनाब के?
वह भोले-भाले बोले कि अब तक तो सात हैं!
मैं ने कहा मँहगाई में ये बोझ कब तलक?
बोले कि ऊपर वाला मेहरबान जब तलक!
हँसकर किया सवाल, "ऊपर कौन रहता है?
वह बोले, पहले माले पर, शक्तिकपूर—जी।

---

1. काफ़ी समय बाद 2. सन्तुष्ट 3. महाशय

'ये हाथ बेदख़ल'

अपने मियाँ से हो के खफ़ा, बोलीं ये मैडम,
मैं जब रियाज़ करती हूँ गाने का, उसी दम
खिड़की पे जा के हाथ हिलाते हो क्यों भला
क्या तुम ने बनाया है नया कोई राब्ता[1]?
बोले मियाँ कि सबको बताता हुँ बर्महल[2]
इस चीख़ और पुकार में ये हाथ बे-दख़ल[3]

---

1. सम्पर्क Contact 2. On the Spot 3. अर्थात् तुम्हारी इस चीख पुकार में मेरे हाथ शामिल नहीं है

'मुफ्त में यौम-ए-आशिक़ी[1]'

(1)

आज है यौम-ए-आशिक़ी जानम!
क्यों न कुछ एहतिमाम[2] हो जाए।

(2)

वादा करता हूँ दिल न तोड़ूँगा,
उम्र चाहे-तमाम[3] हो जाए

(3)

रात के जश्न की-ज़रा सोचो
इससे पहले कि शाम हो जाए।

(4)

कुछ करो जुस्तुजू[4]-तो पैसे की!
ऐन-मुम्किन[5] है, काम हो जाए।

(5)

काश! मेरा ये चाय का कुल्लढ़,
रात आये तो - जाम हो जाए।

(6)

शुक्र तेरा करुगाँ- जान[6] -ए-मन
कुछ अगर इन्तिज़ाम हो जाए!

(7)

दिन मनाएँ ये जाके, होटेल-में
और वहीं पर- क़्याम[7] हो जाए।

(8)

कोई कमरा अगर वहाँ न मिले
कार ही में क़्याम हो जाए।

---

1. Valentine's Day 2. आयोजन 3. पूरी होना, खत्म होना 4. खोज करना, रास्ता निकलना, प्रयत्न करना 5. अतिसम्भव। 6. मेरी जान 7. ठहरना, रूकना।

‘आता है कौन कौन?’

नागाह[1] सद्र गेट[2] की घंटी जो बज उठी,
घबरा के बीवी जाग के विस्तर से जा उठी,
सोचा कि इतनी रात को, यह कौन आ गया?
बोली कि भागो! शायद मेरा John आ गया।

लेकिन जगाया जिस को, वो तो खुद थे मिस्टर जॉन
जल्दी से उठ खड़े हुए, अपना पहन के Gown

शायद उन्होने आखिरी जुमला[3] था सुन लिया
सब माजरा[4] समझते ही, बीवी को जा लिया।
आँखे थीं शोलाबार[5] तो, मुँह भी था झाग-फुल।
फिर नर्म पड़ के बोले थे, “हाऊ-ब्युटिफ़ुल”।

जो आया, वह है जॉन! तो बोलो कि मैं हूँ कौन!
सच सच बताओ मुझको कि आता है कौन कौन?

---

1. सहसा, अचानक 2. Main Gate 3. वाक्य, Sentence 4. घटना, Event 5. आग उगलती हुई।

‘पहले आप!’

इक दौर था कि कहते थे खुश हो के ‘पहले आप’
लेकिन ये दाँत “लखनवी तहज़ीब” से परे,
एक एक कर के गिरने लगे, कह के- ‘पहले मैं!
इस ‘मै’ में भी छुपा था यह, तहज़ीब का पहलू
गिरना ही जो ठहरा तो कहें कैसे? “पहले आप”!

'नेअमत'

लड़की का बाप :—

वह Tall, Hand Some है किसी से नही है कम
है नौकरी अच्छी, तो बहुत अच्छी है इनकम,
घर वाले ठीक ठाक हैं यह बात भी बजा[1]!
लड़के की जो रिज़ा[2], वही माँ बाप की रिज़ा,
ये भी सही है, लड़का नहीं— वादा फ़रामोश[3],
पर कैसे मान लूँ कि नहीं उस में कोई दोष,
सुनता तो है सभी की मगर कहता है अपनी,
मैं जानिबे-शिमाल[4] तो कि रूख उसका है दक्किनी,
मैं ने तो यही चाहा था, बॅध जाए यह सेहरा,
लड़का तो है यह नेक, मगर है बड़ा बैहरा

बेटी है मेरे लिए बा-एसे रहमत[5],
फिर इसके लिए मोल लूँ, मैं क्यों कोई ज़हमत[6]?

रिश्ता ठहराने वाला :— (MEDIATOR)

माना कि ऊँचा सुनता है, लड़का बुरा नहीं,
दुनिया मे आज कोई भी Total खरा नहीं।
शादी के लिए बहरा पति ख़ास है नेअमत[7]
बेटी के लिए आप क्यों समझे इसे ज़हमत।
वह कुछ भी कहेगी इसे, सब सुनता रहेगा,
वह देगी गालियाँ भी तो सब सुनता रहेगा।
सुख देगा यह सभी, न कभी दिल दुखायेगा।
सिर को हिलाके बात का इक़रार करेगा
सुन ही नहीं सकता—, तो क्या इन्कार करेगा?

बीवी को बोलते हुए, बोलेगा ये "जानम!
"दिन भर चबाती रहती हो मुझ को भी दो— च्युँगम!"

---

1. दुरूस्त, सही 2. मर्जी 3. वादा भूल जाने वाला, वचन तोड़ने वाला 4. उत्तर की ओर
5. खुदा की मेहरबानी, भगवान का वरदान 6. कष्ट, विपत्ति, 7. वरदान

'बाकी एक साल और'

एक मोटी, नकचड़ी ने था, मैके से ये लिखा
मैं थी अभागी, मुझ को तुम्हारा सा जो मिला।
सुध मेरी भी लो, बस हो मगन अपने हाल में,
मैं आधी रह गई हूँ यहाँ—एक साल में,
कब आओगे ले जाने को, लिखो मुझे फ़िलफ़ौर[1]
शौहर ने ये लिखा कि रुको एक साल और।

---

1. तुरन्त

'एक कुँवारे की तमन्ना'

अल्लाह दिन वह लाए मुसर्रत[1] नसीब हो,
चारों को मेरी शादी की दावत नसीब हो।

बीवी पढ़ी लिखी हो समझदार नेक हो,
साथ इसके, उसको चाँद सी सूरत नसीब हो।

छोटा सा घर हो प्यार की दौलत नसीब हो,
एक दूसरे की हम को— मुहब्बत नसीब हो।

दस बीस की न हम को किफ़ालत[2] नसीब हो
हम दो हों, हम को दो की मुहब्बत नसीब हो।

कुछ और दिल न माने तो बस एक और हो,
बाद इसके फिर न ऐसी हिमाक़त नसीब हो।

तादाद गर बढ़ी तो बस अंजाम है यही,
अपने नसीब की उन्हें गुरबत[3] नसीब हो।
छः सामने, दो गोद में, एक पेट में पले,
यारब न मुझ को ऐसों की सोहबत[4] नसीब हो।

---

1. खुशी 2. भरण पोषण की जिम्मेदारी 3. गरीबी, दरिद्रता 4. संगत।

‘यही है मेरा बदल’

बनाया मिट्टी से था, आदमी को तूने मगर
चबा रहा है वह पत्थर रहा है आग उगल,

फिर ऐसे बन्दे को सजदा करेगा क्यों, ‘इबलीस’
कि उसने सोचा कि ये ही तो मेरा एक बदल!

---

1. खुदा ने आग, पानी, हवा, नूर (प्रकाश) ओर मिट्टी समेत पँचतत्वों से आदम (आदिम पुरूष) की संरचना की और फ़रिश्तो को हुक्म दिया कि वे आदम की ताज़ीम (आदर) करें, सिर झुकाएँ। सब फ़रिश्तों ने आदम की श्रेष्ठता स्वीकार की लेकिन इबलीस अर्थात् शैतान ने इन्कार किया उसका कहना था—" मैं आदम से ज़्यादा श्रेष्ठ हूँ क्यों कि तूने मुझे आग से पैदा किया।" आज वही आदमी जिसे खुदा ने फरिश्तों से ज्यादा दर्जा दिया—क़्यामत जोते हुए है। अर्थात् इसी आदमी ने उत्पात मचा रखा है।

'बैसाखियाँ'

लटके हैं फ़ेस बुक में जो, मर्ज़ी से अपनी हम,
फिर क्यों चलें न तेज़ ज़माने के साथ हम,
गो, पी.सी. आई पैड में, मुझ को दख़ल नहीं,
बच्चे मेरे लिये हैं क्या बैसाखियों से कम?

'क़िनाअत-पसन्दी[1]'

हूँ जान बूझ के पी.सी. से, नाबलद[2] ऐसे,
कि अपनी मर्ज़ी से हो बाप, ला-वलद[3] जैसे,
मेरी ये सोच की परवाज़[4] इसमें मानेअ[5] है
यह बन्दा दी हुई नेअमत[6] पे उसकी क़ानेअ[7] है।

---

1. सन्तुष्ट रहने की प्रवृत्ति 2. अनभिज्ञ 3. शिशु विहीन 4. विचार शक्ति-सोच की उड़ान 5. रुकावट 6. वरदान 7. सन्तुष्ट।

‘वाह! वाह!

(1)

ये पाप, न डुबकी से, न जल के प्रवाह से,
धुलते हैं न जलते हैं ये, मरघट के - दाह से।

(2)

कुछ काम न बनेगा तेरी ऊह-आह— से,
ज़िन्दा जो तुम रहोगे तो जीने की चाह से।

(3)

पैदा करो वह जोश, जवानी हो Shameful
मक़सद को टाँचते रहो आशिक़ निगाह से।

(4)

वादे करो न झूठे, ग़रीबों से नेताजी।
कुर्सी न डोल जाए कही इनकी आह से।

(5)

निअत अगर हो साफ़ सियासत[1] बुरी नही
नीति है राज की जो परे है गुनाह से

(6)

सब रिश्ते-नाते, बन के फिसड्डी से रह गए,
गुज़रे वह इस तरह जो तरक्क़ी की राह से।

(7)

दो साले, तीन सालियाँ, इक माँ और एक बाप,
उसको भला मिला भी क्या करके ब्याह से।

(8)

पायाने-कार[2] तुमको भी Loveria हुआ
अब तक तो बचते आए थे तुम इस गुनाह से।

(9)

मरक़द[3] में ये कफ़न मेरा मैला भी न हुआ,
बन कर दुःल्हन, रक़ीब[4] की, खुश है निकाह से।

(10)

नाज़-ओ-अदा के तीर सजो करके, यह कहा,
जाने न पाए बच के यह इस क़त्लगाह[5] से।

(11)

अंजाम सोच कर—हवा मेरी—सरक गई,
देखा उन्होंने मुझको यों प्यारी निगाह से।

(12)

गोला हूँ बर्फ़ का, तेरी कोशिश फ़ुज़ूल है,
पिघला सकेगी मुझको न तू गर्म आह से।

(13)

नमरूद[6] की अगन में फलाँगूगा, मैं हुँ इश्क'
कुछ वास्ता नहीं है मेरा — इन्तिबाह[7] से।

(14)

मैं खुदपसंद हुँ, मेरी तारीफ़ — कर ज़रा
होता हूँ बड़ा खुश मैं तेरी "वाह! वाह!" से।

दिल से जो 'वाह' निकलती है असर करती है
गर स्वारत न हो मेहनत तो Suffer करती है।

---

1. राजनीति 2 अन्ततः— आखिर कार 3. कब्र 4. प्रतिद्विन्दी Rival 5. क़त्ल करने की जगह 6. हज़रत इब्राहिम के जमाने में एक बादशाह का नाम जो खुदा की जात में यकीन नहीं रखता था अर्थात! नास्तिक था और खुद को खुदा मानता था। जबकि हजरत इब्राहिम एकेश्वरवाद और ईश्वर के वजूद का उपदेश देते थे। इस बात से खिन्न होकर नमरूद ने हज़रत इब्राहिम को आग में जिन्दा जलवाने का आयोजन किया। लेकिन आग गुलजार बन गई जो खुदा के तईं असीम आस्था अर्थात् उनके इश्क का लक्षण था। 7. चेतावनी, Warning.

‘हरघण्टे’

पूछा महेश ने कि बतलाओ शहर यार!
पाबंदी से नहाते हो गर दिन में एक बार
और दिन अगर जो होता कही दो ही घण्टे का
बोलो कि आठ घण्टे नहाओगे कितनी बार?
सुनकर, के शहरयार ये बोला कि एक बार’
हर घण्टे मैं नहाने का आदी नहीं हूँ यार!

'आईफ़्लु'—

1971 के वस्त[1] में सिर्फ लखनऊ क्या? पूरे शिमाली[2] हिन्दुस्तान में मिडिल ईस्ट से आई इस बीमारी से तन्दुरूस्त और गैर-तन्दुरूस्त, सारी जनता परीशान थी जिसे बंगलादेशी बीमारी भी कहा गया। समझा जाता था कि बंगला देश से जो पहले मशरिक़ी[3] पकिस्तान कहलाता था, आए हुए शरणार्थियों ने यह बीमारी भारत वासियों को बड़े प्यार से तोह़फे के तौर पर दी थी। लखनऊ के हर चार लोगों में एक शख्स फूली आँख वाला दिखायी देता था। जिसे देखिये आँखों पर चश्मा चढ़ा है। आँखें चार होने की तो दूर की बात, किसी ऐसे शख्स के साथ, जो इंसाफ़पसदी से लोगों को एक आँख से देखता था, आँखें तीन करने से भी ख़तरा महसूस होता था। यह नज़्म उसी गिरिफ़्तार-ए-[4] बला की देन है

हम को तो आज कल वही सूरत पसंद है
जिस की कि इक दुकान खुली, एक बंद है,
या फिर वह जिस की दोनों ही आँखें उठीं उठीं,
या फिर वह जिसकी आँख का ढेला बुलंद हैं।

यारो! ये बीमारी जिसे कहते हैं 'बंगलादेश'
हर घर में सब को आई है, कोई रहा न शेष
चाहे वह सनाउल्लाह हों या कोई हों महेश,
वह या कि A.T. Khan हों या वाई.बी. सुरेश

नाहीद ओ यासमीं हों, सरला हो या सुमन,
या कोई नाज़नीं[5] या कोई हो गुलबदन[6],
बाबू हों मिनिस्टर हों, या वैद्य-ओ-हकीम हों,
लाग़र[7] हो, नातवाँ[8] हो, लहीम-ओ-[9] शहीम हों,
छलके हुए इस जाम में, डूबे हुए हैं सब,
अपने परीशाँ-हाल से, ऊबे हुए, हैं सब।

ना जाने कैसा तोहफ़ा है ये कैसा सिला है?
जिसको भी देखिये वह गिरिफ़्तार-ए-बला है,
चश्मा चढ़ा है आँखों पे, टेढ़ा टिपंका— है,
आँखों का हर गिलाफ़[10] भी एक-एक मन का है।

हर आँख लालाज़ार[11] है और फूल खिले हैं,
चेहरे पे ग़ौर कीजिये, तो डेढ़ बजे हैं।
'कौसर' भी इस बला से न पीछा छुड़ा सके,
लो साफ़ बचगए, न जहाँ को दिखा सके।

अच्छे भले थे आँख से, दुजदीदा[12] हो गए,
इस दर्जा अपने हाल से रंजीदा[13] हो गए,
टोका किसी ने— "आँख से चीपड़ तो पोछिये?"
कुछ तिलमिलाये—बाद में र्शमीदा[14] हो गए।

---

1. मध्य 2. उत्तरी 3. पूर्वी 4. बुरी आत्मा के वश में होना 5. अति-सुन्दर कन्या 6. फूल बदन 7. दुबला-पतला 8. कमजोर 9. मोटा तगड़ा 10. Cover यहाँ मुराद है आँखों के पपोटों से। 11. सुर्ख फूलों से सुसज्जित, 12. तिरछी या टेढ़ी आँख से देखने वाला 13. दुःखी 14. Dictionary ये लफ़्ज़ शर्मिदा है। यहाँ जरूरतन इस्तेमाल किया गया है। यहाँ मैंने जासूसी दुनिया के महान लेखक इब्नेसफी का अनुसरण किया है, जिन्होंने कई लफ़्ज दिये हैं जैसे कूल्हों के हिलने की कैफ़ियत को उन्होंने हिलनत और Robot अर्थात् फौलाद के आदमी को फौलादमी का नाम दिया। जो सही लगते हैं।

'आज़ाद-नज़्म[1]'

आजाद नज़्म बन के, वह अब मुझसे फ़्री हैं,
मैं वादे का पक्का तो वह मुझ से भी खरी हैं।
इस नज़्म की खूबी है कि पाबन्दियाँ हैं कम,
मिसरा[2] जो कहना चाहें तो बस कह दे 'तुम और हम'।
मुश्किल बड़ी यही है कि, यह हो नहीं सकता,
जो बोझा चाहती हैं, वह, मैं ढो नहीं सकता,
कहने को तो इस नज़्म में आसानी बहुत है,
लफ़्जों[3] की मगर इस में फ़रावानी[4] बहुत है,
छः बहने, एक भाई, है और—साथ में माँ बाप
मिसरा बहुत तवील[5] है, छेड़ें भी क्यों आलाप।

---

1. कविता 2. शेएर की पंक्ति 3. शब्दों 4. बहुतायित 5. लम्बा।

सलामत रखें 'अली'

पुख़्ता सा रंग[1] उन का था, आँखें बड़ी बड़ी।
थे जर्नलिस्ट नाम था उनका एस एस अली।
मिस इण्डिया से बोले लगावट की नजर से,
अल्लाह बचाये तुमको ज़माने की नज़र से।
बेहतर है अपने हुस्न का सदका[2] उतारिये,
एक काला टीका माथे पे अपने लगाइये।
शोख़ी का रंग भर के शरारत से वह बोली,
गर तुम रहो जो साथ, सलामत रखें अली।

यह वकिआ[3] अपने वक्त के मशहूर पुख्ता रंग सिहाफी[4] सलामत अली मेहदी से मन्सूब[5] है जिन्होंने मिस इण्यिा से एक इन्टरव्यु में कहा था कि आप एक काला टीका लगालें, कहीं नजर न लग जाए। जवाबन[6] वह हसीना बर्जस्ता[7] बोली कि जब आप साथ हैं तो नजर लगने का सवाल—ही नहीं उठता)

---

1. पक्का रंग 2. गरीबों को दान दक्षिणा देना 3. घटना 4. पत्रकार 5. किसी के नाम से जुड़ा होना 6. उत्तरोत्तर 7. तुरन्त, सहसा, वहीं के वहीं।

'क़ाफ़िया—पैमाई'

(1)

बनकर यहाँ पर आते वह मेहमान बहुत हैं,
हर बार बारह केलों के एहसान बहुत हैं।

(2)

छोटे से दिल में, सैंकड़ों अरमान बहुत हैं,
वह जान बूझ कर के भी अंजान बहुत हैं।

(3)

इज़हार-ए[1] मुहब्बत की जुरअत[2] Show तो मैं कर दूँ,
पिटने के मगर इश्क़ में इमकान[3] बहुत हैं।

(4)

अरमान उनके दिल में जगाना फुजूल[4] है
कुछ ऐसे इलाक़े हैं, जो वीरान बहुत हैं।

(5)

क्यों झाँकते फिरते हैं वह, औरों के चमन में,
जब बाग़ में उनके, गुल-ए-रिहान[5] बहुत हैं।

(6)

छेड़ें न आप सड़को पे औरों की बहन को,
बस यों समझ के चलिये कि अपमान बहुत हैं

(7)

पीछे से उन के जा के कहा मैं ने "भऊ-भऊ",
बिगड़े और बोले "आप तो शैतान बहुत हैं।"

(8)

गुब्बारा हार्ट-शेप का हाथों में जो दिया,
हँसकर कहा ''फट जाने के इमकान बहुत हैं।

(9)

वह शादी करे या न करे, तुम तो अब करो।
इतने बड़े जहान में, सलमान बहुत हैं।

(10)

घर वाले Opposition की तरह ज़िद पे अड़े हैं,
गो[6] रास्ते ये प्यार के आसान बहुत—हैं।

(11)

अब रात हो चुकी है सँभल करके जाईये
इन्सानों की नगरी में याँ शैतान बहुत हैं।

(12)

वह ऐसी हैं, या वैसी हैं, मुझ को क़ुबूल हैं,
डैडी पर, उन के बाप के एहसान बहुत हैं।

(13)

मरने के बाद किस को बनाया है Nominee
इस बात को लेकर, वह परीशान बहुत हैं।

(14)

सोचा यह कई बार, चलें काबुल-ओ-कश्मीर,
पर उनके इलाकों में तो 'हैजान' बहुत हैं।

(15)

मुझ को तो नज़र आते हैं बस कुछ ही फ़ीसदी,
गर लोग ये कहते हैं—मुसलमान बहुत हैं।

(16)

उन की तरफ़ से बाप, चचा, ख़ालू, मामुजान
अपनी तरफ़— अकेले— भाई-जान बहुत हैं।

(17)

रहमान जैसा कोई भी मुझ को न मिल सका
कहने को ज़माने में यों, भगवान बहुत हैं

(18)

America की मन मानी नही चंद[7] पे मौक़ूफ़[8]।
उसके लिए इराक़ और ईरान बहुत— हैं।

(19)

मँजी की तरह रैचां है उसका मिज़ाज[10] भी।
हालॉकि उसके पिण्ड[11] में तिरखान[12] बहुत हैं।

---

1. प्रेम प्रगट करना 2. हिम्मत, साहस 3. संभावनाएँ 4. व्यर्थ 5. बहुत खूबसूरत फूल 6. अगरचेकि, यद्यपि 7. कुछ 8. निर्भर 9. लकड़ी की चारपाई बाँदों से बुनी हुई 10. स्वभाव, तबीअत Nature 11. गाँव 12. बढ़ई, Carpenter.

‘आज भी है’

‘हसन कमाल’ के मशहूर गीत किसी नज़र को तेरा इन्तिज़ार आज भी है, की पैरोडी

(1)

तुम ही से प्यार है बेइख़्तियार[1] आज भी है,
निकाह का तुम से वो क़ौल-ओ-क़रार[2] आज भी है।

(2)

पटाखा प्यार का और बेरुखी ज़माने की
जो फट सका न कभी, ज़ोरदार आज भी है।

(3)

टिकॅट न भेज सका खुद भी आ सका न कभी,
ये प्यार तुझ से मेरा शर्मसार[3] आज भी है।

(4)

वो तेरी मस्त निगाहें कि बिन पिये था नशा,
सुना है आँखों में तेरी ख़ुमार[4] आज भी है।

(5)

वफ़ा की राह में वह प्यार की—जमापूँजी,
लुटा के बैठा हूँ, तू मालदार आज भी है।

(6)

कुछ उस में तार भी चाँदी के जुड़ गए होंगे,
नज़र में ज़ुल्फ़-ए-स्याह पेचदार[5] आज भी है

(7)

अगर यक़ीं न हो, खुद आ के देख चश्मे से,
हमारे प्यार का दिल में मज़ार आज भी है।

(8)

किराया दे के चढ़ो, या कि बेटिकॅट पहुँचो,
चले भी आओ कि दिल बेक़रार आज भी है।

(9)

जुमे को वादा किया था, मिलेंगे अगले जुमे,
ज़माना बीत गया— शुक्रवार आज भी है।

(10)

ये दूरियाँ, ये तड़प, चाह तुम से मिलने की,
सरहद पे बाड़ मगर, तारदार आज भी है।

(11)

बग़ैर वीज़ा मिलें, एक हो यहाँ से वहाँ,
बशर-बशर[6] को यही इन्तिज़ार आज भी है।

---

1. जो नियंत्रित न हो, असीमित, 2. वादा, वचन 3. लज्जित 4. नशा 5. काले बलखाते केश 6. जन जन।

"सब ख़ैरियत तो है?"

राहगीर :— "गड़बड़ तो कुछ नही यहाँ, सब ख़ैरियत[1] तो है?
घर में ये शोर कैसा है, सब[2] आफ़ियत तो है?

मकान :— "सब खैरियत ज़रूर है, पर इतना है ज़रूर,
मालिक हर दिन इधर से आप न गुज़रा करें हुजूर।
बीवी हैं मेरी शास्त्रीय संगीत की रसिया,
अपने रियाज़[3] पर उन्हें ज़्यादा है कुछ ग़ुरूर[4]।"

---

1. कुशल मगंल 2. सुकून, शान्ति 3. अभ्यास (Practice) 4. घमण्ड!

'जज़्बात'

बदले हुए जो उनके ख्यालात न होते,
इस तरह से हम नज़रे-हवालात[1] न होते।

गर (Hot) निगाहों के इशारात[2] न होते
पिघले हुए मेरे भी ये जज़्बात न होते।

हम में थी कोई बात, जो हम उनको भा गए
यों उनके लिए लाइक-ए-खिदमात[3] न होते।

बरसात में जो ज़ोर से बादल न गरजता,
वह शामिल-ए-जज़्बात और हालात न होते।

उतरा हूँ उनके दिल से कि बैठा हूँ अभी तक,
ऐ काश! मेरे दिल में यह खदशात[4] न होते।

गर जानता, अन्दर से हैं पत्थर के वह सनम,
मेरे भी By God ये जज़्बात न होते।

जिन पर मैं मर मिटा था, वह औरों के हो गए
अफ सोस दिल पे गुज़रे ये सदमात[5] न होते।

मैं उनकी सर्द-मेहरी[6] से हो जाता कब का फ्रीज़
दिल में जो गर्म मेरे ये जज़्बात न होते

गर जानते ना गिर के उठा जाता है कैसे?
सर्कस में उनके ऐसे कमालात[7] न होते।

बुर्जुल-अरब न होता कोई बुर्ज-खलीफ़ा
गर उनके यहाँ शैखुल-अमारात[8] न होते।

---

1. हवालात के सुपुर्द किया जाना 2. इशारा का बहुबचन 3. सेवा करने योग्य।
4. आशंका 5. सदमा (दुःख) का बहुबचन 6. ठण्डा व्यवहार 7. कमाल का बहुबचन
8. Head of Emirates

ग़ालिबन खैरियत से हैं!

कुँअें में गिर गए थे अहलावत के डैडी जी,
आवाज़ आ रही थी कि कोई? बचाओ जी।
अब हाल क्या है बोलो कि वह ख़ैरियत से हैं?
मेरा ख्याल है कि वह अब आफ़ियत से है।
हलचल का न तो, अब वहाँ अदांज कोई है
न चीख, न पुकार, न आवाज़ कोई है।

'एक बीवी चाहिए!'

योरोप के एक मुल्क में निकला था इश्तिहार
एक बीवी मुझे चाहिए। कब से है इन्तिज़ार?
कोई सौ खुतूत[1] आ गए इसके जवाब में
उम्मीदवार[2] पढ़ने लगा था—शिताब [3] में
खुश हो के सब ने लिखा था, "मेरी ले जाइये"।
एक शख्स ने लिखा, मेरी "दोनों ले जाइये"

---

1. खत का बहुबचन 2. प्रार्थी 3. जल्दी जल्दी

‘आप भी कुछ खालें!

(एक रेस्तारॉं में एक मेज़ पर एक बड़ीबी और एक बड़े मियाँ) बीवी पोपले मुँह से खाने में व्यस्त हैं और मियाँ खामोश बैठे हैं। यह देख कर एक शाएर-दिल बियॅरर से रहा न गया और उस ने अर्ज़ किया):

“खाना तो है दो बंदों का, और खाता एक है,
Sir! आप भी कुछ खालें, ये तो लंच ब्रेक है।

(यह सुन कर बड़े मियाँ मुस्कुराये पोपलाकर इर्शाद किया)

पहले यह खालें मेरा इरादा भी नेक है,
वह बात यह है, दाँतों का चौका बस एक है।

‘दुश्मन कोई नहीं’

निन्नानवे की उम्र है, मैं खुशनसीब हूँ,
दुश्मन मेरा जहान में बन्दा कोई नहीं,
इस की भी कोई वजह होगी कोई होगा कॉज़,
कुछ Tips दीजिए मुझे बतलाएँ क्या है राज़?
न राज़ है न Cause है इतनी सी बात है,
दुनिया में मेरे साथ का ज़िन्दा कोई नहीं।

'सियाप्पा'

सब औरतों की होड़ में रहती थीं मिसेज़ दत्त,
बस देखा देखी सब की, उन्होंने भी रखा ब्रत,
सब पत्नियों ने रब से यही की थी कामना,
मेरे पति को आँच भी भूले से आए ना।
बेचारी मिसेज़ दत्त जो थीं, भूख की कच्ची,
वक़्त अपना काटने को किचन, में थीं जा बिज़ी
इतने में पतिदेव ने उन को था पुकारा,
कुछ बोलने से पहले, रूके, थोड़ा - खंखारा,
फिर बोले, तुसी कित्थे हो और कि र्करियाँ?
जल कर वह बोलीं त्वाडा सियाप्पा ही र्करियाँ।

और याद रहे!

मैं क्या बताऊँ डॉक्टर कैसा ग़ज़ब हुआ!
बच्चा मेरा बन्दूक़ की गोली निगल गया!
इस की दवा है पास मेरे आप न घबरायें!
लीजिए ये तेल बच्चे को फ़ौरन ही जा पिलायें,
और याद रहे! सामने हरगिज़ न उसके जायें
गोली लगे तो मुझ पे कोई दोष न लगायें।

मौसम-खुस्क

हर लफ़्ज़[1] के माना[2] तो समझते हैं कुछ ही लोग
नुक़्ते[3] की अहमियत[4] को भी जानें है कुछ ही लोग।

मिसाल नं. 1

हिन्दी में अगर मान लो, लिखे कोई चिंता।
रह जाए जो बिंदी तो फिर आ जाएगी बिपता
चिंता यही बनजाएगी उसकी चिता समान
बैठे बिठाये दाह मे हो जाएगा सम्मान।

मिसाल नं. 2

खुदा के नुक़्ता लगे नीचे तो खुदा न हुआ,
संभल के उर्दू में जिसने लिखा जुदा न हुआ।

मिसाल नं. 3

कहना ये चाहते थे कि लाया हूँ मैं यह फूल
बिन्दु लगाके 'फ' में वह खुद हो गए थे फ़ूल।

मिसाल नं. 4

हिन्दी जो सीखते थे बड़े शौक़ से जलील
नुक़्ता लगा के उन को तो बस कर दिया ज़लील[5]।

शब्दों के इस अभाव में मौसम रहे न खुस्क,
हिन्दी में थोड़ा तर है कि कहते हैं इसको शुष्क।

मुझको यही गिला है मुकद्दर को आपने
अपनी जुबाँ से इसको मुक़कदूर[6] बना दिया

उर्दू जो जान जाओगे, बोलोगे तुम सही,
लफ़्जों का अगर ज्ञान है, लिखोगे तुम सही।
आता जो तलफ़्फ़ुज़[7] तुम्हें कहते न ये पैहम[8]
सामे-गम की कसम, सामे-गम की कसम
आ भी ज़ा, आ भी ज़ा, कितने गमगीं हैं हम।

---

1. शब्द 2. अर्थ 3. बिन्दु 4. महत्व 5. अनादर करना, तिरस्कृत 6. दूषित 7. उच्चारण 8. निरन्तर SHAME-E-GHAM Ki QASAM, Aabhi Ja, Aabhija, Kitne-GHAMGIN HAIN HUM

'WEDDING-KNOT'

दिल में अरमान बहुत HOT लिये बैठी हैं,
साथ में लड़का इक SMART लिये बैठी हैं,
हम से तो कहके WEDDING-NOT, मगर उसके साथ
PLAN अपना वह WEDDING-KNOT लिये बैठी हैं।

'एक मैं और एक आप!'

इस शहर में दो अत्तिबा[1] एक मैं और एक आप!
मुस्तनद[2] है जिनकी हिकमत[3] एक मैं और एक आप!
लाइक़ो[4] में दो ही लाइक़ एक मैं और एक आप!
दोनों ही हैं बा-लियाक़त[5] एक मैं और एक आप!
हम ग़नीमत इस शहर में हो रही वाह! वाह!
अलग़रज़[6] दो ही अत्तिबा, एक मैं, और आप भी क्या?

---

1. तबीब का बहुवचन (तबीब = हकीम, डॉक्टर) 2. सत्यापित (Certified) 3. इलाज का ज्ञान 4. योग्य 5. सक्षम्यू 6 कहने का तात्पर्य यह कि....

'डैडी थे उनके डॉन'

(1)

बर्सों के बाद खुल के मिले, फेंकते रहे,
हम अपने तिकल्ले पे सब, लपेटते रहे।

(2)

वाक़िफ़[1] न थे वह ज़िक्र[2] था अपने ही भाई का
बखिया हर एक सम्त[3] से उधेड़ते रहे।

(3)

अल्लाह बख्शे, वह बड़े तौसीअ-[4] पसंद थे,
फैलावा पूरे घर का हम - समेटते रहे।

(4)

आँखों की दवा, कानों में उसने जो डाल दी,
आँखों से सुनके, कानों से हम देखते रहे।

(5)

गूँगी थी वह, और आँख भी दबती थी, इक ज़रा,
मेरी पसंद पर, वह मुझे - छेड़ते रहे।

(6)

उनसे कहा था शादी का पैग़ाम[5] तो भेजो।
वह S.M.S मोबाइल पर ही - भेजते रहे।

(7)

शादी में उनसे काजी ने माँगी थी बस रिज़ा[6]
उनके जो जी में आया वही-बोलते रहे।

(8)

डैडी थे डॉन, और चचा भी थे माफ़िया,
जावेद[7] उनके सम्धी थे, बस झेलते रहे।

(9)

बेटा हुआ छुपा के रखा - 30 साल[8] तक,
उनको डराके, खेल वे, ये खेलते रहे।

(10)

Total जो जमा पूँजी थी, वह चूस ले गए,
गन्ने की तरह उनको बहुत पेलते रहे।

---

1. अनीभज्ञ 2. विवरण 3. दिशा, ओर 4. अतिवादी- 5. सन्देश, (मुस्लिाम कल्चर में यह दस्तूर है, कि शादी से पहले लड़के वाले, लड़की वालों को पैग़ाम भेजते है) जिसमें लड़के और उसके खानदान का विवरण दिया जाता है। 6. स्वीकृति 7. जावेद मियाँदाद 8. इशारा N.D. Tiwari की तरफ है।

'छींक'

सवाल :—

तुमको तुम्हारी बहन ने, बॅआए-फ्रेंड के सामने मारा था किस लिए?

जवाब :—

बॅआए-फ्रेंड के सामने, आयी थी मुझको छींक जो, मारा था इसलिए।

सवाल :—

इक छींक के आने पर इस तरह तुम को पीटा?

जवाब :—

क्योंकि पलंग के नीचे, मैं ही वहाँ था लेटा।

'गुंजाइश'

गैरों से उनकी Wife क़ी फ़र्माइश बहुत हैं,
पहले से ज्यादा घर में अब आराइश[1] बहुत है,
वह Use में ले आए बसीरत[2] निगाह को,
अब साफ़ नज़र आने की गुंजाइश बहुत है।

---

1. साज-सज्जा 2. (Decoration) मन की आँखों से देखना

'र्तसीली वसाएल'

(1)

र्तसीली वसाएल[1] जो माज़ी[2] में नए होते
मजनुमियाँ लैला को इस तरह ना खो देते।

(2)

फ़र्हाद से शीरीं भी इस तरह गिला करती
महमिल[3] से उतर आती इक फ़ोन तो कर देते?

(3)

सोहनी भी न मटके पर पैराक[4] बनी फिरती
मौसम के अगर उसने हालात सुने होते।

(4)

बात आके अगर रुकती लड़के की कमाई पर,
Mobile Repairing पर महिवाल लगे होते।

(5)

एक Cyber Cafe जो अज़रा का अगर होता
वामिक़ भी Infosys में इन्जीनियर ही होते।

(6)

गर सेब की फ़र्माइश, जोधा जो कभी-करतीं
अकबर ने Apple Five[5] कुछ दे भी दिये होते।

(7)

न दौड़ कोई होती न रेड़ कोई लगती,
घर बैठे जो क़ासिद[6] ने अखबार पढ़े होते।

(8)

और नामाबर[7] की अपनी, इक Post नयी होती,
बन कर के Reporter जो Dispatch दिये होते।

(9)

प्रवक्ता बना फिरता, नेता से यही कहता
जनता से तुम ने वादे इतने न किए होते।

---

1. संचार माध्यम जैसे रेडियों, टी.वी. कम्प्युटर, Mobile आई पैंड इत्यादि (Means of Communication) 2. भूतकाल 3. कजावा, ऊँट का हौदा 4. Swimmer 5. Latest आई Pad. 6. संदेशवाहक 7 पत्रवाहक।

Complaint Cell

चिंता :—

बहरा वह हो गया है मुसीबत हे आजकल,
खतरे में उसकी Job है ग़ुर्बत है आजकल
अल्लाह ही सुने उसकी, मदद वह करे उसकी।

निवारण :—

"किसने कहा कि नौकरी खतरे में है उसकी?
उसके लिए तो यह कमी नेअमत है आज कल
Complaint Cell में उसकी ज़रूरत है आजकल,

'कारोबारी-कैफ़ियते[1]'

ज्योतिषि	—	"धंधे से मेरे खुश हैं, ज़मीन और आसमाँ"
सिग्रेट कम्पनी? का मालिक	—	"बिज़नेस ये मेरा होने लगा है धुआँ धुआँ"
डॉक्टर वैद्य हकीम		"बीमारियाँ बहुत है साहलक[2] है आजकल, पेशा ये चल रहा है साहलक है आजकल
एलेक्ट्रीशियन	—	"परमात्मा का शुक्र है बिजली की चमक है"।
ट्रॉसपोंटर	—	बिजनेस ये चल रहा है मेरा, खूब दमक है।
फल और फूलों के बाग़ का मालिक		दुनिया में फल और फूल की फ़र्माइश बहुत है।
ऐनकसाज[3]	—	"अब साफ़ नज़र आने की गुंजाइश बहुत हैं।"
कुँओं की बरमाई करने वाला		"पर मैं तो कारोबार में फँसता चला गया कोशिश तो की निकलने की धँसता चला गया।"

---

1. दशाएं 2. साह = तिजारत, कारोबार (साहलक = कारोबार के लिए उपयुक्त)
3. Optician

Loan

डॉलर पचास माँगे तो समझो है मुफ़लिसी[1],
डॉलर हज़ार माँगे तो होगा वह औसती[2]
कोई करोड़ों माँगे तो होगा वह सनअती[3]
लाँखों करोड़ माँगे तो होगा वह मुल्क ही।

---

1. दरिद्रता, गरीबी, 2. मध्यम वर्ग का 3. औद्योगिक (Industralist)

"उनका सुहाग"

दुनिया के काम करती हैं थकती नहीं ज़रा
गर कोई काम मैं कहूँ हो जाती हैं ख़फ़ा,
बीवी हैं मेरी क्या कहूँ, देता हूं यह दुआ,
अल्लाह सुहाग तेरा बनाये—रखे खुदा।

"कूज़्हे में दरिया"

माथे पे टीका देखिये! यह कैसा लगता है?
टीके के साथ छपका भी यह अच्छा लगता है
ये चूड़ियाँ, ये झुमकियाँ दोनों बहुत हैं खूब,
यह हार बेमिसाल है क्या अच्छा लगता है!
इस सूट पर ये ज्योलरी तो Match कर गईं
मेरे दिल-ओ-दिमाग़ को यह Catch कर गईं
बीवी ने हर एक शै की जो खूबी ब्यान की
शौहर थे कमसुख़न[1] कि फ़क़त[2], 'हूँ' पे टाल दी
खुश हो के वह बोलीं कि सही बोलते हैं आप!
अल्लाह! कैसा तोलकर के बोलते हैं आप!
तारीफ़ का करना तो, कोई आप से सीखे
कूज़्हे[3] मे दरिया भरना कोई आप से सीखे।

---

1. कम बोलने वाले 2. केवल 3. कुल्लढ़, पुरवा

"एम्बुलैंस"

टकरा गए थे बनता जी इक मोटर कार से
कर्राह रहे थे दर्द से और बेक़रार थे,
चिल्ला के बोले दौड़ो! कोई एम्बुलैंस बुलाओ
एक राहगीर बोला तुसी बिल्कुल न घबराओ
घटना यह इत्तिफ़ाक़ से कुछ ऐसी घटी है,
टकराये हो जिस कार से वह एम्बुलैंस ही है!

‘‘चुनाव-निशान’’

इस बार भी Assembly Election लड़ूँगा मैं
पहले की तरह डँकी को Symbol रखूँगा मैं,
एक दोस्त बोला यार! ये क्यों भूल जाते हो
मैदान में उतरते हो, और झूल जाते हो
दो बातें इत्तिफ़ाक़ से होती हैं बहुत कम
अपना चुनाव निशान भी डँकी रखोगे तुम?

“ख़्वाब की ताबीर”

Secular हवा के झोंकों ने उस को सुला दिया
अब्दुल को मीठे ख़्वाब ने P.M. बना दिया
आँखें खुली तो याद उसे आया वह उपदेश
“ख़्वाब तो देख मगर ख़्वाब की ताबीर न देख”
दिल को दिलासा दे के यही, फिर वह सो गया
P.M. न सही, M.P. तो मैं बन के रहूँगा।

P.M. = Prime Minister. M.P. = Member of Parliament

पटना में हुआ 'ख़त्ना' (Circumcision)

हैं मेरे एक दोस्त जिन्हें कहते हैं 'ज़फ़र'
शादी के बाद दहर[1] में ऐसे थे एक पिदर[2]
बस बेटियाँ ही बेटियाँ कोई ना था मफ़र[3]
आखिर सुनी खुदा ने दिया उनको इक पिसर[4]
गबरु, जवान हो के, वह निकले भी क़दआवर[6]
नाम उन का नाज़[5]-ओ-नेअम से दावर रखा गया
अल्लाह के करम से फिर एक नेक दिन आया
दावर ने दुःल्हा भाई से सेहरा था बँधाया,
वह खिलखिलाये, ऐसे कि ग़ुन्चे[7] भी खिल गये,
उनको मिली दुःल्हन तो वह दुःल्हन से मिल गये,
एक ख़ूबरू[8] और नेक दुःल्हन उनको मिल गई
अल्लाह के फ़ज़ल[9] से 'सनॉअ' उनको मिल गई,
'दावर' को थीं पसंद 'सनाअ' उसको यह पसंद
दोनों को फिर अता[10] हुआ फ़र्ज़न्द-अर्जुमंद[11],
यक जा[12] हुए फिर उन की ख़ुशी देखने वाले
दादी ने भी जी भर के सब अरमान निकाले।
घर में बनाम-ए-पाक, हदीस-ए-किसा[13] हुई,
बाद उसके चहल पहल थी महफ़िल बपा हुई।
पोते का नाम दादा ने क़ुरआँ से निकाला
गोया कि गुहर[14] बहर-ए-बेकराँ[15] से निकाला,
बच्चे का नाम प्यार से वानी रखा गया
अल्लाह के करम की निशानी रखा गया।
नानी भी मुत्तफ़िक़[16] हुई 'वानी' कहो इसे
बस रहमतों[17] की उसकी रवानी[18] कहो इसे।

अलमुख़्तसर[19] कि 'वानी', कई साल के हुए,
बाहोश, बाहवास, खुश-ख़िसाल[20] से हुए
खुश हो के बस्ता लेके वह जाने लगे स्कूल
सब उन के लाड-ओ-प्यार में ये बात गए भूल
बच्चे का अब तलक न क्यों ख़त्ना भला हुआ
दधियाल में न क्यों भला, टँटा खड़ा-हुआ।
बस यह ख़्याल आते ही ननिहाल वालों ने
दावर के ससुरसास और साली-ओ-सालों ने
वानी को वारणसी से—पटना बुला लिया
गोया कराने प्यार से—ख़त्ना बुला लिया।
जिस रोज़ वानी ख़त्ने की चौकी तलब हुए
माँमू ये हाल देखते ही जाँ-ब-लब[21] हुए।
इस दर्जा भाँजे से थी मॉमू को मुहब्बत
देखी न उनसे जाती थी बच्चे की वह कुल्फ़त[22]
बस में नहीं था उनके यह, वानी वह हटायें,
और उस की जगह खुद ही वह, चौकी पे बैठ जायें
बस किस्सा मुख़्तसर है कि वानी हुए मख़्तून[23]
मुस्लिम न उनको जानने वाले हुए मतऊन[24],
जब कुछ दिनों के बाद इफ़ाक़ा[25] ज़रा हुआ
दादा की तरह बाँध के लुंगी इधर-उधार,
घूमा किए और बोले की मर्ज़ी खुदा की है
लुंगी पहनाके मुझ को भी दादू बना दिया।

---

1. दुनिया 2. बाप 3. छुटकारा 4. बेटा 5. लाड़प्यार 6. लम्बे 7. कलियाँ 8. सुन्दर 9. यश 10. प्रदन्त 11. नेक और अच्छा बेटा 12. एक जगह एकत्रित होना 13. विशेष हुआ 14. मोती 15. गहरा समान्दर (समुद्र) 16. किसी की राय से इत्तिफ़ाक करना, राज़ी होना 17. करम मेहरबानी 18. प्रवाह 19. संक्षेप में 20. अच्छी आदतें वाले 21. होठों पर जान अटकना, पीड़ित, बेचैन 22. दर्द, पीड़ा, बेचैनी 23. Circumcisioned 24. जिस पर लानत मलामत की जाए 25. स्वास्थ्यलाभ।

‘अच्छी सेहत का राज़’

(कब्बन चचा की शादी की तीसवीं साल गिरह थी।
हम A.I.R. के नुमाइंदे की तरह झट उनके पहलू
में पहुँच गए कहा चचा मियाँ! मुबारक हो!
55 साल की उम्र में भी आप की सेहत माशा-अल्लाह
बहुत अच्छी है। इसका राज़ हम सभी को बताएँ)

[**वह हंसकर बोले**]

‘‘मुझ में और मेरी बीवी में शादी की पहली रात
ज़ेहनी मीलान[1] के तहत, यह तय हुई थी बात,
हम दो में होगी जिसकी ख़ता, होगी यह सज़ा,
गर्मी हो कि सर्दी हो कि घंघोर हो बरसात,
बस आसमाँ के नीचे ही गुज़रेगी उस की रात,
अपनी गिज़ा[2] न ख़ास, कोई ख़ास, दवा है,
अच्छी सेहत का राज़, खुली आब-ओ-हवा है।’’

---

1. मानसिक मिलन 2. Diet

'हक़दार'

(बच्चों और सौतेली माँ के बीच हमेशा अनबन रहती थी। लिहाज़ा[1] एक दिन)

लाकर खिलौने बाप ने बच्चों से यह कहा,
वादा करोकि मानोगे मम्मी का तुम कहा,
ऊँची आवाज़ में न कभी बात करोगे,
जैसा कहेंगी तुमसे वह वैसा ही करोगे,
बच्चे ये बोले हम नहीं इस बात पर रेडी,
हक़दार इन खिलौनों के बस आप हैं डैडी।

---

1. अतः

‘ढलकी नक़ाब’

हीरो वह बन के फिरते थे सड़कों पर इस तरह
हर ‘जूलियट’ के पीछे — लपकते थे इस तरह
कुदरत ने जैसे ख़ास रचा उन के लिए है,
यह सब्र का फल मीठा फ़क़त[1] उनके लिए है
नागाह[2] काले बुर्क़े में देखी इक हसीना
सोचा कि चलो पार लगा अपना सफ़ीना,
पर्दे से गोरे हाथों ने भी करके इशारा,
था उन को बड़े प्यार से पास अपने बुलाया,
फिर अपने दाहने हाथ को यकसर[4] घुमा दिया,
चाँटा लगा के गाल पे पँजा बना दिया,
आशिक़ के होश जाते रहे आया पसीना,
ढलकी नक़ाब, देखा तो आपा थीं ज़रीना।

---

1. केवल 2. अचानक 3. नय्या 4. सहसा

परेशानी

वैसे तो बच्चे होते हैं, माँ बाप की सूरत
लेकिन वह था न माँ की न ही बाप की सूरत
बच्चे को देख George परेशान बहुत थे
वह था पड़ौसी Y.J. प्रताप की—सूरत।

‘दान-मतदान’

जब कल चैरिटी होम में पहुँचे थे हम दोनों,
सोचा था दान देंगे वहां मिल के हम दोनों
जो मुझ से हो सका था, वहाँ मैने दे दिया
बरअक्स[1] इसके, आपने कुछ भी तो न दिया?
सुनकर वह बोले यार! लो यह पोस्टर देखो!
इसमें यह क्या लिखा है ज़रा ज़ोर से पढ़ो!
सीज़न है यह चुनाव का कुछ ध्यान अब करो,
एक अच्छे शहरी की तरह मत दान अब करो।

---

1. विपरीत,

'बंदिश नहीं किसी की'

(1)

बंदिश नहीं किसी की, नहीं कोई क़ायदे[1]
शादी शुदा न होने के अपने हैं फ़ायदे।

(2)

जैसे भी जिएँ टोकने वाला कोई न हो,
जो चाहें करें रोकने वाला कोई न हो।

(3)

घर में अकेले रहने के अरमाँ निकालिये
जूते कहीं पे फेंकिये, कपड़े उछालिये।

(4)

ग़ैरों के Taste को न कभी आज़माइये,
जो चाहिए पकाईये, जो चाहे खाईये।

(5)

हफ़्तों से घर में झाड़ू न हो, कोई ग़म नहीं,
घर भर बहारते फिरें इतना तो दम नहीं!

(6)

घर अपना है, दस्तूर[1] भी, आदाब[2] हैं अपने,
नीदें, दमाग़ और सभी ख़्वाब हैं अपने।

(7)

बिस्तर पे जितना चाहिए, टाँगे पसारइये,
चाहें तो फैल फैल के लोटें लगाईये,

(8)

पट हो के जो रह जाँए, कि चित लेट जाईये,
या फिर सुकड़ के सीने से तकिये लगाईये।

(9)

तिरछे जो लेटें टोकने वाला कोई न हो,
नींदों में ख़लल[3] डालने वाला कोई न हो।

(10)

तबीयत ख़राब होने के गर हों कभी आसार[4],
टोटल ख़राब हाने का कीजिये न इन्तिज़ार।

(11)

भूले से कभी घर की न कुण्डी लगाईये,
बस फ़ोन से पड़ोसी को फ़ौरन बुलाईये।

(12)

लाज़िम[5] है इसके साथ ही इक नौहाख़्वाँ[6] भी आये
गुण गा के सभी आप के जो मर्सिया[7] सुनाये।

---

1. नियम 2. शिष्टाचार के तरीके 3. विघ्न बाधा 4. लक्षण 5. अनिवार्य 6. विलाप करने वाला 7. शोकगीत।

मुझको क्या पता?

पूछा यह डाक्टर ने कि आता है जब बुख़ार,
क्या दाँत कटकटाते हैं सर्दी से बारबार?
दादा जी बोले, इस का भला मुझको क्या पता,
चौका निकाल रखता हूँ, मैं अन्दरुने[1], जार।

1. जार (Jar) के अन्दर

‘वजूहात’

(हमारे बाबा हकीम सय्यद सफ़दर अली साहब रिज़वी ‘नासिर’ लखनवी मरहूम एक अच्छे शाएर थे। घर के अंदर ही जब सारे भाई बहन इकट्ठा होते तो अच्छी ख़ासी अदबी महाफ़िल हो जाती थी और वह कोई मिसरा (शेएर की एक पंक्ति) देकर कहते कि शिएर पूरा करो। एक दिन उन्होंने किसी की यह पंक्ति दी—“इसलिये तस्वीर-ए-जानाँ हमने खिंचवाई नहीं”—और कहा कि शेएर पूरा करो। सबने अपनी अपनी तुकबन्दियां कर डालीं। उस वक़्त तो अपना एक ही शेएर हुआ था। आज कोशिश की तो कई शेएर पूरे हो गए।

—(कौसर रिज़वी)

(1)

मुफ़लिसी ही मुफ़ालिसी है जेब में पाई नहीं
“इसलिये तस्वीर-ए[2]-जानाँ हमने खिंचवायी नहीं,”

(2)

अब तलक तो अच्छी सूरत मुझ को रास आयी नहीं
“इसलिये तस्वीर-ए-जाना हमने खिंचवाई नहीं”

(3)

आँख टेढ़ी, नाक चपटी, कान, इक था ही नहीं,
“इसलिये तस्वीर-ए-जानाँ हमने खिंचवायी नहीं।”

(4)

मेरे दिल में उसकी सूरत, दूसरा देखे भी क्यों?
"इसलिए तस्वीर-ए-जानाँ हमने खिंचवाई नहीं।"

(5)

मिलते मिलते उसकी सूरत, लोमड़ी से जा मिली,
"इसलिये तस्वीर-ए-जानाँ, हमने खिंचवायी नहीं।"

(6)

बच्चे उसको देखकर के डर ही न जाते कहीं,
"इसलिए तस्वीर-ए-जानाँ हमने खिंचवाई नहीं।"

(7)

दर्जनों Pimples नज़र आते जिधर भी देखते,
"इसलिये तस्वीर-ए-जानाँ हमने खिंचवाई नहीं।"

(8)

Lens छोटे पड़के रह जाते हैं, उसके सामने,
"इसलिये तस्वीर-ए-जानाँ हमने खिंचवाई नहीं।"

(9)

आईने में शक्ल उसको अपनी खुद-भाई नहीं।
"इसलिये तस्वीर-ए-जानाँ हमने खिंचवाई नहीं।"

(10)

बाद-अज़ाँ[3] Postmortem की लोग न समझें इसे,
"इसलिए तस्वीर-ए-जानाँ, हमने खिंचवाई नहीं।"

---

1. वजुहात, बजह (कारण) का बहुवचन 2. प्रियसी की तस्वीर 3. Postmortem के बाद की

दिन WASTE हो गया

(1)

मेरी जगह पे उसने कोई और चुन लिया
अफ़सोस यह रहा कि ज़रा LATE हो गया।

(2)

पहले को छोड़ उसने मुझे मुन्तख़ब[1] किया
छोटा सा दिल खुशी से INFLATE हो गया।

(3)

न उसने ही, न मैने कहा, I LOVE YOU,
यह दिल का मुआमला था COMMUNICATE हो गया।

(4)

बदले में दिलके, हम ने जो माँगा था उन से दिल
हँसकर वह बोले वो तो COMPENSATE हो गया।

(5)

दुनिया से छुप के लिखा था अफ़साना प्यार का
LEAK हो के जाने कैसे CIRCULATE हो गया।

(6)

वो चैहकों-पैहकों रोना वो मज़ंर जुदाई का
FEVI-QUICK से दिल पे मेरे PASTE हो गया।

(7)

लेकर गये थे प्यार के मोती वह बेहिसाब,
CUSTOM पे माल उनका, CONFISCATE हो गया।

(8)

वह बेरुख़ी[2] जनाव की जौर[3] ओ-जफ़ा का ज़िक्र[4],
दिल पर मेरे हिसाब, CALCULATE हो गया।

(9)

बाद उनके किसी और हसीना का था करम[5],
सारा ख़सारा मेरा COMPENSATE हो गया।

(10)

छः साल तक लटक के वह पहुँचा है बाम पर[6],
है शुक्र ये कि लड़का MATRICULATE हो गया

(11)

जन्नत में GATE बँटने लगे थे पसंद के,
मैं लखनवी था, मेरा ROOMI-GATE हो गया।

(12)

जिस दिन भी आप का न कोई क़हक़हा लगे,
बस आप यह समझलें कि दिन WASTE हो गया।

---

1. चुनना 2. अवहेलना 3. यातनाँए, पीड़ा 4. वृताँत 5. मेहरबानी 6. ऊंचाई

'दिल तो दीजिये दिलरुबा को'

तहज़ीब-ओ-[1]तमददुन का ज़माना ही और था,
लखनऊ में बलदियाती[2] चुनावों का दौर था।

थे एक तरफ़ उम्मीदवार हकीम शम्सुददीन,
उनके मुक़ाबले में जो उतरी थीं नाज़नीन[3]।

नाम उनका दिलरूबा था अगर, थीं भी दिलरूबा[4],
पीर-ओ-जवान[5] मरता था हर एक शहर का।

ठुमरी हो, दादरा हो कि कजरी का हो धमाल,
या गीत हो, ग़जल हो वह गाती थीं बेमिसाल।

गो[6] हर, तरह के रक़्स[7] में माहिर[8] थीं दिलरूबा,
शोहरा[9] भी कम नहीं था शहर में हकीम का।

नारे लगा रहे थे जो, हामी हकीम—के,
वो हक़ में थे, नहीं भी थे उस नाज़नीन के।

'नारे'

"दिल तो दीजिये दिलरूबा को वोट शम्सुद्दीन को,
चुनना है इन दो में तुमको, चुन लो तुम हकीम को।"

दिलरूबा के हामी

"दिल भी दीजिये दिलरूबा को वोट भी हबीब को
वोट भी हबीब को, दिल भी दो हबीब को।

हकीमसाहब के हामी

बच के रहना अर्जे[10] से वोट दो तबीब को
ला-मरज़[11] रहना है तुम को, बोट दो तबीब[12] को,

बाद इन्तिख़ाब,[13] अब था नतीजों का इन्तिज़ार
अंजाम जानने के लिये सब थे बेक़रार,
सर्शार-ओ-बेनियाज़[14] थे हकीम शम्सुद्दीन,
बस एक हज़ार वोटों से जीते थे शम्सुद्दीन।

देने मुबारकवाद[14] मतब,[16] दिलरूबा गयीं
फूलों का लेके हार मतब, दिलरूबा गयीं।

उनको पहना के हार बड़े प्यार से— बोलीं
साबित हुयी यह बात बड़े नाज़ से बोलीं।

मुझे जैसी तो इस शहर में नाचीज़[17] बहुत है
सच तो ये है कि मर्द कम, मरीज़ बहुत हैं।

---

1. शिष्टाचार और संस्कृति 2. नगरपालिका चुनाव 3. सुन्दरी 4. मन मोहक 5. बूढ़ा और जवान 6. यद्यपि 7. नृत्य 8. निपुण 9. ख्याति, प्रसिद्धि 10. रोग, बीमारी 11. आरोग्य 12. इलाज करने वाला अर्थात (हकीम) 13. चुनाव 14. मग्न और चिंतामुक्त 15. बधाई 16. हकीम साहब का दवारखाना (Clinic) 17. तुच्छ।

AN APPLE IN A DAY

कहने को Doctor हैं नहीं जाते Clinic
रोज़ाना घर में रहके मनाते हैं वह Picnic,

यह सुन के सहेली ने, सहेली से यह पूछा,
अपने मियाँ के वास्ते फिर तुम ने क्या किया?

रोज़ाना मैंने सेब इक, लेना शुरू किया।
मश्हूर मक़ूले[1] पे अमल मैंने था किया।
An Apple in a day
Keeps the Doctor Away.

---

1. कथन (Saying)

'डायलॉग'
(DIALOGUE)

बीवी तसल्लुत[1] जामते हुए

बीवी हूँ मैं तुम्हारी, तुम हो मेरे मियाँ,
मेरे तुम्हारे आए न अब कोई दरमियाँ[2],

दफ़्तर से चलके सीधे ही घर अपने आओगे
मुँह मारते फिरोगे न अपना यहाँ वहाँ

मेरे बग़ैर भूल के बाहर न—जाओगे
गर जाना ही ठहरा तो मुझे लेके जाओगे।

जो रूखी सूखी होगी वह खाकर रहोगे ख़ुश
बिरयानी खाके ग़ैर की, हरगिज़ न होगे ख़ुश।

मियाँ Romantic मूड में

मैं तन्हा थका माँदा, तू बरगद का पेड़ है
जुज़[3] तेरे नहीं सर पे मेरे कोई साएबाँ[4]

जिस दिन से तूने ताक के मारा था दिल पे तीर
न दर्द ही गया है, न ही चोट का निशाँ।

बीवी ग़ैर जमालियाती[5] अंदाज में

ये सब मैं नहीं जानती करना कोई न भूल,
पेशेनज़र[6] हमेशा रहें रहनुमा—उसूल[7]।

मियाँ मूड बदलते हुए

मेरी भी एक शर्त है तुम भी निभाओगी
घर को तुम अपने प्यार से जन्नत बनाओगी।

शॉपिंग तो बहुत करती हो बाज़ार घूम के,
मिलती वफ़ा जहां हो, कोई ढूँढ लो दुकाँ।

बीवी भी मूड बदलते हुए

मुम्किन जो होगा मुझ से वहाँ तक निभाऊँगी
वादा नहीं ये करती कि मर के दिखाऊँगी।

---

1. नियन्त्रण 2. बीच 3. तेरे अलावा 4. छत 5. Non-Asthetic Style 6. सामने (नज़र के सामने) 7. दिशा-निर्देशन (Guide Lines)

'हाउसिंग सोसाइटी'

हाउसिंग सोसाइटी वहाँ, सब बन के थी तैयार
अपने घरों में लोग थे जाने को बेक़रार।

बिल्डर्स सोसाइटी के बड़े नाज़ से बोले
थे आज बहुत ख़ुश, नए अन्दाज़ से बोले।

"अद्‌भुत सोसाइटी" है, बड़ा नाम करेगी,
सब लोगों का यहाँ पे, बड़ा काम करेगी।

अपनी सोसाइटी में हैं, अब सब तरह के लोग,
यह हैं गुरू जी, सबको सिखायेंगे मिल के योग।

हैं डॉक्टर्स, इन्जीनियर्स वैद्य-ओ - हकीम भी
Expert कारीगरों की अपनी है टीम भी।

प्लम्बर्स हैं दस्तयाब[1] Electricians भी हैं
हज्जाम हैं, धोबी हैं, Muscians भी हैं।

नेता और अभिनेता यहाँ दोनों— मिलेंगे,
सेवक और कार्यकर्ता यहाँ दोनों— मिलेंगे।

रस्ता सही दिखाने को हैं, पादरी यहाँ,
इक मौलवी यहाँ तो पुजारी भी है यहाँ।

और यह जलाली शाह हैं पहुँचे हुए बुज़ुर्ग,
पीर-ओ-फ़कीर मस्त क़लन्दर हैं यह बुज़ुर्ग।

कहने को हैं ख़मीदा[2] -कमर, उम्र 90 साल,
हिम्मत के मुआमले में मगर हैं यह बेमिसाल।

एक शख़्स ने पूछा कि हैं किस काम की ये चीज़?
Utility है क्या? कि फ़क़त[3] नाम की हैं चीज?

विल्डर ने कहा सुन के सभी नाज़ करेंगे।
यह अपने Graveyard का आगाज़[4] करेंगे।

दुनिया यह नयी अपनी एक आबाद करेंगे,
सालाना उर्स पर हम इन्हें याद— करेंगे।

---

1. Available 2. झुकी कमर 3. केवल 4. शुभारम्भ

'तिब्बी बुलेटिन'

बनती है जान पर जो तेरी जाँ पे खेल जाओ
जो आरिज़े[1] हैं तुम को अकेले ही झेल जाओ।

कोई तुम्हारा तिब्बी[2] बुलेटिन सुनेगा क्यों?
फ़ुर्सत नहीं किसी को, भले लाख तुम सुनओ।

---

1. रोग 2. Medical Bulletin

'गाना गाऊँगा!'

घर हो, कोई दुकाँ, या किसी शॉपिंग मॉल में,
फ़ंक्शन में, पार्टी में या पिक्चर के हॉल में,

बच्चा कहा ये करता था सू-सू है आ रहा,
जल्दी से चलो भाई कि निकला ही जा रहा।

सुनकर बुरा ये लगता था भाई को बार-बार
समझाया उसने उसको, बड़े प्यार से इकबार

अब से कहा करो कि "भाई गाना गाऊँगा,"
जैसे ही तुम यह बोलोगे मैं जान जाऊँगा।

एक रात बड़ा भाई तो ड्यूटी चला गया,
बच्चा ये अपने बाप के ही साथ सो गया।

लड़के ने सुबह होते कहा गाना गाऊँगा!
भाई तो काम पर गया किसको सुनाऊँगा?

डैडी जो Code Words से बिल्कुल ही थे अंजान
सोते में बोले, कान में तू गादे मेरी जान!

बच्चे ने राग भैरवी उनको सुना दिया
होकर क़रीब, कान में ज़ोरों से गा-दिया।

'हुए मरके तुम पे, रूसवा[1]'

क़िस्सा ब्यान करता हूँ दिल्चस्प यहाँ पर—
उस नौजवाँ का जिस का गुज़ारा था अज़ाँ पर।

मस्जिद थी मुहल्ले की बराबर में था मकाँ
मस्जिद के पेश इमाम[2] रहा करते थे—वहाँ।

इक नौजवाँ की घर के बराबर दुकान थी,
दो प्यार करने वालों की वह तर्जुमान[3] थी।

इक बेटी थीं इमाम की, नाम उनका था जबीं[4]
सूरत में बेमिसाल थीं और थी भी महजबीं[5]

मौलाना चले जाते थे देने को जब अज़ाँ,
बेटी से उनकी मिलने पहुँच जाता था जवाँ।

एक रोज़ वह पकड़ा गया रूसवा किया गया
वह-बेच बाच अपनी दुकाँ वाँ से चल दिया।

दोनों की अरसे[6] बाद मुलाक़ात फिर हुई,
जिस बात का ख़दशा[7] था, वही बात फिर हुई।

गर्दन झुकाए जाते थे मौलाना ने रोका,
काँधे पे हाथ रख के बड़े प्यार से पूछा,
घर-वर भी बसाया? कि रहते हो दुकाँ पर?
शादी भी की? या सिर्फ़ गुज़ारा है अज़ाँ पर?

---

1. बदनाम, कलँकित 2. नमाज़ पढ़ाने वाले मौलवी 3. प्रवक्ता 4. पेशानी, मस्तक 5. चाँद जैसे अर्थात् सुंदरी 6. काफ़ी समय बाद 7. आशंका।

'कपड़ों में रहता हूँ'

बीवी भी डॉक्टर थी मियाँ भी थे डॉक्टर,
बीवी ने पूछा बात इक बतलाओ ये डियर।

Patient का तिब्बी मुआएना[1] तुम कैसे करते हो
कपड़ों समेत[2] या कि बिला[3] कपड़े करते हो?

घबरा के मियाँ बोले कि क्या बात करती हो,?
मैं जब भी टेस्ट लेता हूँ, कपड़ों में रहता हूँ।

---

1. Medical Test 2. कपड़ो सहित 3. बिना कपड़े।

दो सीटियाँ

(Jeweller) के पास पहुँचे, हुए दाखि   ल-ए-[1]दुकाँ,
बीवी के वास्ते उन्हें लेना थीं झुमकियाँ।

क़ीमत जो एक लाख थी, ज्वेलर ने बतायी।
होंठों को कुछ सुकेड़ के एक सीटी बजायी।

फिर दूसरी की पूछी तो ज्वेलर ने यह कहा,
क़ीमत जनाब इनकी फ़कत[2] दो हैं सीटियाँ।

---

1. दुकान में दाखिल हुए 2. केवल

लेग—गॉर्ड
(LEG-GUARD)

नालाँ[1] थीं वह शौहर से, कसीरूल[2] अयाल थीं
बच्चों की हरकतों से परेशान-हाल थीं

आज उनके साथ वाक़िआ[3] कैसा अजब[4] हुआ
नाड़ा था पेटी कोट से ग़ायब, अजब हुआ

तकिये भी छोटे ग़ायब थे, और बाप का लंगोट,
इन हरकतों से मम्मी के, दिलपर लगी थी चोट।

पैमाना[5] उनके सब्र[6] का बस हो गया लबरेज़[7]
लड़के को डाँटा, पूछा, ये सब क्यों हुआ परवेज़?

पहले तो उसने मम्मी के ग़ुस्से को था तोला,
हिम्मत जुटा के बाद में फिर माँ से ये बोला।

तकियों को हम ने बाँध के लेग गार्ड बनाया
क्रिकेट में मुझ को सबने था पोलार्ड[8] बनाया

बच्चों ने क्या कमाल के लेग गार्ड बनाये,
गोया ज़हीन[9] होने के जौहर[10] थे दिखाये।

एक पर था पेटीकोट का नाड़ा बँधा हुआ
दूजे पे था लंगोट, अदा से कसा हुआ।

---

1. ख़फा 2. ज्यादा बच्चों वाली 3. घटना 4. अजीब 5. प्याला 6. धीरज 7. लब (होंठ) की कगार तक पहुँचना 8. West Indies का मशहूर Cricket खिलाड़ी। 9. बुद्धिमान 10. गुण।

'तुलफ़ज़[1]'

लड़की का उनकी मैं ने Audition था ले लिया
बेचैन-ओ-मुन्तज़िर[2] थे दिलासा[3] उन्हें दिया,

बेऐब[4] नहीं दुनिया में कोई जनाब है
आवाज तो अच्छी है तलफ़्फ़ुज ख़राब है।

वह जिन के तलफ़्फ़ुज से ज़मीं हिलती थी-सारी
बस ज़िम्मा ले लिया था उन्होंने बड़ा भारी।

वो बोले कि 'तुलफ़्ज़ दा 'ताल्लक' है जहाँ तक,
मैं 'दुर्स्त्[5] करा दूँगा ज़रूरत है जहाँ तक।

इसके लिए 'हलाल[6] रामपूरी भी तो हैं
वरना 'हुस्न् कुमाल[7] भी माँड़े तो नहीं है?

---

1. तुलफ़ज़ (तलफ़्फ़ुज = उच्चारण) 2. प्रतीक्षा में 3. सांत्वना 4. जिस में बुराई न हो 5. ताल्लक (तअल्लुक़) 6. दुरूस्त (ठीक) 7. हिलाल पहले दिन का चाँद। हलाल = जो इस्लामी दृष्टि से जाएज़ हो- हराम न हो 7. हसन कमाल।

‘खाता है तो डालॉकर’

दामाद ने ससुर से शिकायत की आनकर
Neglect करती रहती है ये मुझ को जानकर

ये बेटी आप की जो समझती थी मुझ को ख़ास,
अब हाल है मुझ को नहीं डालती यह घास।

वह बोले यह ग़लत है जो भूखा रखा इसे,
बेटी! अगर यह खाता है तो डाला कर इसे।

‘उनसे कहना पड़ता है’

तादाद में ज़्यादा हैं वही लोग ज़मीं पर
जाना है कहीं और तो जाते हैं कहीं पर।

कैसी लतीफ़[1] बात कहो रहते हैं वह ठस
उनसे ये कहना पड़ता है हँसना था यहीं पर।

बत्ती जलाओ उन की तो निकलेगा बल्ब फ़्यूज़ड,
जिस जा पे उनको छोड़ोगे, पाओगे वहीं पर।

उनको लथेड़ करके कहो बात कोई भी,
आती नहीं है कोई शिकन[2] उनकी जबीं[4] पर।

हमने भी सोच रखा है रहने न देंगे क़ब्ज़,
जब तक कि वह UNLOAD न हो जाएँ यहीं पर।

---

1. अच्छी और दिलचस्प बात 2. Crease, चुर्स 3. माथा, मस्तक।

'आवाज़ आयी धब से'

आवाज़ आयी धब से लगा बोरा है गिरा,
मन-प्रीत ने पुकारा कि बतलाओ क्या हुआ,

वह बोले बाथरूम से, Towel है, गिर पड़ा
पूछा कि सिर्फ तौलिया गिरने की ये आवाज़?

''ख़मोश रहना चाहा था मुँह से निकल गया।
मैं भी उसी में लिपटा था पाँव फिसल गया''।

'एक ही सूट काफ़ी है'

'तबीयत की ख़ुश-मिज़ाज थीं और उम्र थी पचपन
ख़ुशहाल घराने की थीं और पेट था— छप्पन

दोनों भतीजियों की वह, दर्दमन्द थीं
बरसात बहुत तेज़ थी, वह फ़िक्रमन्द थीं।

इतने में एक ऑटो रुका, पोर्च में आकर
बिल्ली सी बनके उतरी थीं, वे दोनों भीगकर।

बोली फुफी कि पड़ न कहीं जाओ तुम बीमार
कपड़े बदल लो जल्दी से, आ जाए न बुखार।

याँ पर तुम्हारी नाप के कपड़े न मिलेंगे,
मैं अपने दिये देती हुँ कुछ ढीले पड़ेंगे।

वो लड़कियाँ बोलीं कि फुफ्फो! ठीक हैं दोनों
इक सूट ही दे दीजिये आ जाएँगी दोनों।

चलती अगर हो तोप

(1)

इन्जिन हो जब ख़राब चलें बोगियाँ कैसे
बिगड़ी हो अगाड़ी तो पिछाड़ी नहीं चलती

(2)

मन्नत है माँगता, कोई प्रसाद— चढ़ाता
डीज़िल समझ लिया है? जो गाड़ी नहीं चलती

(3)

सूरत में उनकी वाली भी है, खूब, बहुत, खूब,
अपनी के आगे दूसरी वाली नही चलती

(4)

वह बोलीं नहीं जाएँगे, मयखानें[1] कभी हम
प्याले तो वहाँ चलते हैं प्याली नहीं चलती।

(5)

शॉपिंग के वक़्त साथ रखें अपना Credit कार्ड,
कहने को जेब हो भी तो, ख़ाली नहीं चलती।

(6)

मुंह मारते हो क्यों भला बाहर की Diet पर,
जब घर की Diet हाज़्मे वाली नहीं चलती।

(7)

पापड़ हों, कुछ अचार हो और पूरियाँ — सब्ज़ी
मीठा हो नदारद तो वो थाली नहीं चलती।

(8)

चल तो वह दीं हैं साथ मेरे बन के बहनजी
Disco में मगर ब्लाऊज़ और साड़ी नहीं चलती।

(9)

मैं फँस गया European और Zambian के बीच
गोरी चले जो साथ तो काली नहीं चलती।

(10)

वाँ गोली चल गयी वह महज़[2] कोसते[3] रहे
चलती अगर हो तोप तो गाली नहीं चलती।

---

1. मधुशाला 2. केवल 3. बुरा भला कहना, बुरा चाहना

INTERVIEW

(1)

लड़की के वह थे बाप, उठाये कई Issues,
कुछ कहना चाहा मैंने मगर हो गया Confuse

(2)

वह एक जहाँ-दीदा[1] थे, मैं नर्वसा[2]— गया
कोशिश तो की थी, ख़ुद को कराने की Introduce

(3)

चाहा था मैंने उन के सवालों का दूँ जवाब
बत्ती-जली-बुझी ज़रा, फिर उड़गया था, Fuse

(4)

वह मुझ से चाहते थे लियाक़त[3] का दूँ सुबूत,
कोई Proof कर न सका सामने, Produce

(5)

ख़ुर्राट से फ़ौजी थे वो, मुझको यही था डर,
ज़ाया[4] ही न कर दें वह कहीं कोई कारतूस।

(6)

Interview में जम के निकाला था मेरा जूस,
गन्ना समझ के मुझ को उन्होंने लिया था चूस।

(7)

था वक़्त वह ख़राब मेरा, थी घड़ी मनहूस[5],
पहुँचा था मैं लहलहाता हुआ, बन गया था फूस।

---

1. दुनिया देखे हुए अर्थात् तजुर्बेकार (अनुभवी) 2. Nervous हो गया 3. योग्यता, क्षमता 4. बेकार न कर दें, व्यर्थ न कर गवाँ दें 5. अशुभ

'ये कैसी है दोस्ती'?

जो काम के हैं उनको समझते हैं ग़नीमत
बाक़ी से भी रहती है ज़रा साहब-सलामत[1]

आज इससे दोस्ती है तो कल उससे दोस्ती
मैं सोचता हूँ कैसी है यह उनकी दोस्ती
इससे तो ज़्यादा चलती मेरी फ़ोन बैट्री।

1. जान पहचान

पहेली

वह ऐसा कौन गुज़रा है बतलाईये यहाँ
जिसके न कोई साले थे, न कोई सालियाँ

उनका नहीं था कोई ससुर, न-ही सासु माँ,
फिर भी यह हक़ीक़त है कि बीवी के थे मियाँ।

इसमें तो तअज्जुब[1] की कोई बात नहीं है,
यह भी नहीं कि ऐसी कोई ज़ात[2] नहीं है।

चलिये पहेली हो गई पर्दा उठाईये
मुम्किन जो हो तो उनसे तआर्रुफ[3] कराइये।

हमसब के वह थे बाप[4], और हव्वा के थे मियाँ
न उनके ससुर सास थे, न साले—सालियाँ,

वह पहले आदमी थे, ख़ुशी से क़रीब थे,
और आख़िरी थे जो कि बड़े ख़ुश-नसीब थे।

---

1. आश्चर्य 2. प्राणी 3. भेंट, Introduction 4. बाबा आदम

‘ख़ुशनसीब’

आजिज़[1] थे, परीशाँ थे वह बीवी से इस क़दर
मरने की दुआ माँगते रहते थे हर पहर

इतने में उनसे पहले उनके दोस्त मर गए
पुर्से[2] के लिये पहुँचे उनकी बीवी से बोले

थे, ख़ुशनसीब आपके शौहर[3] भी किस क़दर
झेले न मेरी तरह वह— मरहूम[4] इस क़दर।

---

1. मुश्किलों में पड़ जाना और छुटकारा पाने की कामना करता 2. सांत्वना, (Condolence) 3. पतिदेव 4. स्वर्गवासी

हिन्दी-ग़ज़ल

(1)

कुछ लोग यहाँ ऐसे थे चिन्तन में रह गए
जीवन के अपनी बीच ही आँगन में रह गए।

(2)

न आगे जा सके न कहीं पीछे आ सके,
हरबार इन्तिज़ार में सावन के रह गए।

(3)

ग़ैरों ने आके दूर से कुल्फ़ी, भी जमा ली,
उनसे बनी न लस्सी भी, मंथन में रह गए।

(4)

बुनियाद प्रेमालाप की 'आदम' ने डाली भी,
कीटाणु उनके प्यार के, जन जन में रह गए।

(5)

वह बन सके न ऊँचे कलाकार, आज तक,
गायन में रह गए कभी वादन में रह गए।

(6)

चोर आए देखा भाला, समेटा और चल दिये,
घरवाले नोक झोंक और अनबन में रहगए।

(7)

देसी की जगह Wine का चस्का जो लग गया,
जबसे गए, न आए वह, लन्दन में रह गए।

(8)

वाँ बात पक्की हो गई, डोली वह चढ़ गयीं,
कोठे पे धुँधरूओं की वह छन छन में रह गए।

एन. डी. तिवारी

[अलग-अलग मुद्दतों में उत्तर प्रदेश, उत्तराखण्ड के वज़ीर-ए-आला[1] और सब से आखिर में आँध्र प्रदेश के गवर्नर के ओहदे[2] पर फ़ायज़ जनाब एन.डी. तिवारी के खिलाफ़ एक तीस साला जवान रोहित शेखर ने एक मुक़दमा दायर किया कि तिवारी जी उसके बाप हैं। कई साल की मुक़दमेबाज़ी ओर सरकारी D.N.A. Test के बाद यह बात साबित हुई कि जनाब N.D. Tiwari उसके Biological बाप हैं और आख़िर में उन्होंने उसको अपना बेटा मान लिया। और अब 16 मई 2014 की Times of India की न्यूज़ के मुताबिक़ उन्होंने उस जवान की माँ मोहतरिमा उज्जवला के साथ, अपनी उम्र की 90 वीं दहाई में शादी रचायी है। शायर के हस्बेज़ैल[4] जज़बात[5] इसी वाक़िए[6] के मरहूनें[7] भिन्नता हैं।]

'बरसों के बाद घोड़ी चढ़े एन-डी. तिवारी,
नब्बे बरस में दूल्हा बने एन. डी. तिवारी।

मायूस क्वारों की तमन्ना भी जाग उठी
इस उम्र में जो दूल्हा बने एन. डी. तिवारी।

अब तक जो बेल़ माँढे न मंढ पायी थी उसको
उस बेल को चढ़ा के रहे एन. डी. तिवारी

लेबल क्वाँरेपन का हटा कब? पता नहीं
दुनिया को कुछ बता न सके एन. डी. तिवारी।

करके ब्याह उनकी छवि हो गई उज्जवल
बेनाम-ओ-बेनिशाँ न रहे एन. डी. तिवारी।

बेटा पला पलाया जवाँ उनको मिल गया
बैठे बिठाए बाप बने— एन. डी. तिवारी।

बाद उनके नाम लेवा जहां में कोई न था,
अब शजरे[8] के हक़दार हुए एन. डी. तिवारी।

दिल के बुरे नहीं हैं वह, इन्सान हैं सच्चे,
शर्मिंदा[9] शर्मसार हुए — एन. डी. तिवारी।

इन्साँ वही है सच्चा, जो ग़ल्ती को मान ले,
लो धुल के पाक-ओ-साफ़ हुए, एन. डी. तिवारी।

---

1. मुख्यमंत्री 2. पद 3. नियुक्त 4. निम्नलिखित 5. भावनाएँ 6. घटना 7. आभारी 8. Family Tree 9. लज्जित।

'उनका सेहरा'

(1)
बाप के सर पे जो, बेटे ने सजाया सेहरा,
हो के ख़ुश डैडी ने, बढ़कर के बँधाया सेहरा।

(2)
फूल मुश्किल के बहुत थे बड़ी मुश्किल से खिले
खिलखिलाहट नें तिवारी की खिलाया सेहरा।

(3)
अब क्वॉरों के दिलों में भी है उम्मीद बँधी,
सूखे धानों में जो पानी है, ये लाया सेहरा।

(4)
बाँध टूटा था कभी, देर से आया सैलाब[1]
कल की यादों को समेटे हुए लाया सेहरा।

(5)
काँपते हाथों से एन.डी ने लगाया सिन्दूर
'उज्जवला' के लिये सौग़ात[2] है लाया सेहरा।

(6)
आज 'शेखर' भी ये बोले कि हैं डैडी, ए-वन
बात मानी है मेरी और बँधाया— सेहरा।

(7)
कह के मालन से सजायी गईं नव्वे लड़ियाँ
सेन्चुरी पूरी बनायेगा, ये न्यारा— सेहरा।

(8)
है दुआ सब की यही दूल्हा-दुल्हन शाद[3] रहें,
वादा माज़ी[4] का निभाने को है आया सेहरा

---

1. बाढ़ 2. तोहफ़ा, पुरस्कार 3. खुश 4. भूतकाल

'निशाना सही सही'

पट्टी बँधी थी सर पे, वह था जज के रुबरु[1]
जैसे ये हादसा[2] भी हुआ हो अभी अभी,

पूछा यह जज ने, बीवी से क्यों चाहिए तलाक़?
दस साल बाद, चाहते हो होना क्यों बेबाक़[3]?

वह बोला मैं समझता था उसको सही दमाग़
हर चीज़ मुझ पे फेंकती है बढ़ के बददमाग़

अब तक तो हर एक शय[4] मुझे लगती थी फूल सी,
समझा था मैं मज़ाक़, मगर मेरी भूल थी

पहले तो चूक होती थी उससे कभी-कभी
अब लग रहा है उसका निशाना सही सही।

---

1. सामने 2. दुर्घटना 3. चुकता करना 4. चीज़

मोटापा

मरीज़

हैं बाप भी मोटे मेरे और माँ भी हैं मोटी
बेटा भी है मोटा मेरा ओर बेटी भी मोटी।
मैं अपने मोटापे से परीशान बहुत हूँ
मसअला तो ये है, घर की है मीरास मोटापा

डॉक्टर

दुनिया के सारे काम बिगाड़े है मोटापा,
मेहनत से जी चुराने का है नाम मोटाप,
F.D. ये पूरे घर की है असास मोटापा,
मुद्दत से पहले इसका भुनाना है ज़रुरी,
है ये ग़लत कि घर की है मीरास मोटापा,

जब उम्र बढ़े

जब उम्र बढ़े साथ रहें सब्रो-तहम्मुल[1]
सयंम या एहतियात जुरुरी है मुकम्मल[2]

हो कनपटी सफ़ेद, फ़रासत[3] से काम लें,
कमज़ोर बसारत[4] है, बसीरत[5] से काम लें,

क्या करना, नहीं करना है, कर लीजिये क़ुबूल
क्या खाना, नहीं खाना है अपनाईये उसूल,

मुश्किल नहीं Intake चाहे जितना लीजिए
मसला[6] तो Output का है, जाना नहीं है भूल।

---

1. धैर्य और धीरज 2. पूर्ण, सम्पूर्ण 3. समझ, बुद्धि 4. नेत्र, दृष्टि 5. मन की आँखों से देखना 6. समस्या

हमें बैंगन से क्या?

महफ़िल सजी हुई थी वह, अरबाबे[1] ख़ास की
सब हाँ में हाँ मिलाते थे नव्वाब साहब की

जाने कहाँ से ज़िक्र जो बैंगन का आ गया
नाज़ुक-तबॉ[2] पे अब्रे-गिराँ[3] सा था छा गया

बोले वह सब्ज़ियों में बड़ी नीच ज़ात है
एक चापलूस बोला, "अजी वाहियात[4] है।"

एक दम से रौ[5] बहक गई नव्वाब साहब की,
बोले यह सब्जी जैसी है इक खूबी है इसकी

इस का जो भुर्ता बनता है होता है वह लज़ीज़[6]
हर ख़ास-ओ-आम के लिए होता है वह अज़ीज़[7]

खुश हो के मुसाहिब[8] ने कहा "भुर्ते की क्या बात?
ये ही तो एक ख़ोरदनी[9], जान-ए[10] लवाज़िमात"

कुछ देर बाद हो गया दरबार वह बर्ख़ास्त[11]
कानो में मुसाहिब के कही जा के मैंने बात।

लगता है मुझको थाली के बैंगन जनाब हैं,
वह बोले सदक़े[12] जाऊँ, बड़े भोले आप हैं।

बैंगन की खूबियों से नहीं है कोई मतलब
हमको नव्वाब साहब की खुशनूदी[13] से मतलब।

---

1. विशेष लोग, गणमान समूह 2. नाज़ुक तबीयत 3. गहरा बादल 4. तुच्छ, बेकार, व्यर्थ 5. सोच, विचारों की धारा 6. स्वादिष्ट 7. प्रिय 8. चापलूस 9. खाने वाली चीज 10. सर्वश्रेष्ठ-सामग्री 11. भंग 12. वारी जाँऊ 13. खुश करने की प्रक्रिया।

मेड
(MAID)

एक Maid एजेन्सी से, बहु ले के आयी थीं
सबसे वह दाद[1] चाहती थीं मुस्कुरायी थीं
जैसे कि पूरा क़ला[2] फ़तह[3] करके आयी थीं।

पापा ने Maid देखी तो वह हड़बड़ा गए
उठ करके चलना चाहा तो वह लड़खड़ा गए
जिस्मानी[4] ऐब[5] देखना गो[6] है कि इक गुनाह
तौबा के साथ चाहिए अल्लाह की पनाह,
अल्लाह का बनाया नमूना थी Maid वह
आसारे-क़दीमा[7] का ख़ज़ीना[8] थी Maid वह।

पुख़्ता[9] सा रगं, नाक पर पहिया चला हुआ
दाँत उसके दो बड़े-बड़े मुंह था सिला हुआ
गूँगी थी, उस पे आँखों का जादू चला हुआ
जब दाहिनी आँख देखती थी बायीं आँख को
बायीं जवाब देती थी फिर दाहिनी आँख को,

पापा ने बहुरानी से चुपके से था कहा,
इतनी भी छाँट करके न लाने को था कहा?

वह बोलीं "पापा कितना Crisis है आजकल"
हर शय[10] तो हैं कमयाब,[11] Crisis है आजकल
इतने बड़े शहर में कहाँ Maid मिलती है
आप Normal ही बोलें, "यह ऊँचा भी सुनती है"।

---

1. प्रशंसा 2. किला (सही लफ़्ज क़ला है) 3. विजय 4. शारीरिक 5. विकार (बुराई) 6. यद्यपि 7. पुरातत्व (प्राचीन) 8. ख़ज़ाना 9. पक्का 10. चीज़ 11. दुर्लभ।

‘लम्बी क़तार[1]’

राशन की लाईन लम्बी सवेरे से थी लगी,
दुकान खुलने वाली थी छायी थी खलबली।

एक शख़्स उस क़तार में जाता था बार बार,

धक्के वह खाके पीछे चला आता था हरबार

ये ही अमल[2] जो जारी रहा काफ़ी देर तक
एक एक को घूरता रहा वह काफ़ी देर तक।

वह मुनहनी[3] सा शख्स था कुर्सी पे चढ़गया
गुच्छा घुमा के कुंजी का वह चीख़ने लगा,

ऐसा ही गर रवैया[4] रहा आपका यहाँ
मुझको भी है क़सम कि न खोलूँगा मैं दुकाँ।

---

1. पंक्ति (Line) 2. प्रक्रिया 3. जीर्ण-शीर्ण, दुबला-पतला 4. व्यवहार

सातवें फ़लक पे

जज़्बात[1] की गहराई से लड़की ने यह कहा
मैं प्रेमदीवानी हूँ तेरी प्रेम दीवानी

ख़ुश हो के ये लड़के ने कहा रूप की रानी!
शादी करोगी मुझ से क्या तुम देविकारानी

झुंझला के वह बोली Dear, टॉपिक नहीं बदलो
है सातवें फ़लक[2] पे तेरी प्रेम दीवानी।

---

1. भावनाएँ 2. आस्मान-आकाश

'काफ़ूर की ख़ुश्बु

पूछा ये फ़रिश्ते ने कड़क करके लहद[1] में
मलकर बदन पर आये हो ये कौनसी ख़ुश्बू?
डरकर कहा मैंने कि लगायी नहीं ख़ुश्बु।
मुझको भी आ रही है भीनी भीनी सी ख़ुश्बु
हाँ! याद आया, लिपटे थे वह मेरे बदन से
शायद कि उनके सेंट की, होगी यही ख़ुश्बु!
सुनकर मेरा ब्यान[2] अजब मुंह सा बनाया
रद्दे अमल[3] ने उनके, मेरा दिल था हिलाया
चेहरे पे बरहमी[4] थी, ताअस्सुर[5] थे नागवार[6]
वक़्फ़[7] के बाद डाँट कर बोले बुज़ुर्गवार[8]
इटली की न पैरिस की यहाँ चलती है ख़ुश्बु
याँ सिर्फ ओ सिर्फ़ चलती है काफ़ूर की ख़ुश्बु

---

1. कब्र 2. वृतांत 3. Reaction प्रतिक्रिया, 4. क्रोध 5. Impressions भाव 6. अरूचिकर, नापसंदीदा 7. ठहराव (Pause) 8. मान्यवर

माज़ी[1] की घड़ी

एक शख़्स घड़ी साज़[2] की दुकान में गया
उसने घड़ी के हिस्से और पुर्ज़े बिखेर कर
टूटी घड़ी को फिर से बनाने को था कहा
पूछा यह घड़ी-साज़ ने है आपको यक़ीं[3]
माज़ी में हुआ करती थी क्या वाक़ई[4] घड़ी?
वह बोला हू-बहु[5] थी, मेरी रिस्ट-वाच थी
बस हाथ से गिरी थी कि पहिया भी चल गया
यह सुन के, आजिज़ी[6] से वह बोला था घड़ी साज़
जब देखते ही देखते यह हश्र[7] था हुआ
फिर आपने उठाने की ज़हमत[8] क्यों मोल ली?

---

1. भूतकाल (Past tense) 2. घड़ियाँ बनाने वाला 3. विश्वास 4. वास्तव में 5. बिल्कुल घड़ी की तरह। 6. लाचारी से, (परिशान्त होकर) खिन्न होकर 7. दुर्दशा 8. कष्ट (Trouble)

पहली शबेबरात

लडडन चचा, रात आये थे, कब्बन के ख़्वाब में,
वह डाँट करके बोले थे कब्बन से ख़्वाब में,
अबके शबेबरात यह क्या वाक़िआ[1] हुआ
मरक़द[2] की मरम्मत, न कोई, फ़ातिहा[3] हुआ
लडडन चचा से बोले थे कब्बन मियाँ तभी
तक़सीम[4] मुल्क होगा, ये सोचा न था कभी
दिल हो गये तक़सीम-ओ-मरक़द भी बँट गए,
पहले जो एक क़ौम[6] थे अब दो में बँट गए
हाँ! फ़ातिहा ज़रूर दिलायी थी याँ चचा!
जिस का सवाब[7] लगता है कस्टॅम पे रह गया।

---

1. घटना 2. क़ब्र 3. रूह (आत्मा) को सवाब पहुँचाने के लिये दुआ करना 4. देश विभाजन 5. राष्ट्र (Nation) 6. पुण्य

'या भी मुझ ही को'

वह सीधे साधे नेक दिल इन्सान मर्द थे,
बीवी से, इस जहाँ में परीशान मर्द थे।

शौहर पे, बीवी हावी[1] थीं हर एक तरह से
वह दाब करके रखती थीं हर एक तरह से।

वह डाँट डपट ग़ुस्से में अपनी मिसाल[2] थीं
यह सब्र का पैमाना, वो मुहँ तक उबाल थीं।

कब तक वह सहते एक दिन ग़ुस्सा ही आ गया
फट जाएगा ये ज्वालामुखी दिन वह आ गया।

सर अपना पीट पीटकर वह चींख़ने लगे,
दे मौत ख़ुदा मुझ को, या फिर तुमको मौत दे।

बीवी ने उनका आख़िरी जुमला[3] था सुन लिया
एक हाथ में बेलन लिये शौहर को जा लिया।

दे मौत ख़ुदा तुमको चलो मान भी लिया!
फिर उसके बाद बोले थे बतलाओ तुम ये क्या?

सूरत वह मुसमुसी[4] सी बनाकर के थे बोले
दे मौत ख़ुदा मुझको या फिर...या भी मुझ ही को।

---

1. नियन्त्रण रखने वाली, छायी रहने वाली 2. उपमा 3. वाक्य 4. सीधी सादी, मासूम सी

'काहिली'

टीचर ने चार पेज का था होम-वर्क दिया,
और साथ में मज़मून[1] भी लिखने को था दिया
उनवान[2] था कि कहते हैं हम किस को काहिली?[3]
छुट्टी मे सभी बच्चों ने सब काम था किया
लेकिन रवि की कॉपी में कुछ भी न था लिखा,
बस आख़िरी सफ़हे[4] पे थी तहरीर[5] मुख़्तसर[6]
''कुछ भी न काम करने को कहते हैं काहिली''।

---

1. लेख (Essay) 2. शीर्षक 3. आलस्य 4. पृष्ठ 5. लेखनी (लिखावट) 6. संक्षिप्त।

'जितनी भुगत सको'

जज ने सुनायी उसको सज़ा सात साल की
जिसकी, कि ज़िन्दिगी थी फ़क़त[1] माह-ओ-साल[2] की
वह बोला कि हुज़ूर! —"मैं हूँ कैन्सर मरीज़,
इतने दिनों तलक नहीं जीने का ये मरीज़"।
बोले ये My Lord कि कोशिश तो तुम करो।
क़िस्मत तुम्हारे साथ है जितनी भुगत सको।

1. केवल 2. महीनों या साल की जिन्दिगी

SPINE

टीचर ने पूछा बच्चों से क्या होती है Spine
आसान से लफ़्ज़ों में करो तुम ज़रा Define!
एक बच्चा बड़ी देर तलक सोचता रहा,
फिर बोला यह है जिस्म[1] की लम्बी सी Lumbar Bone
है जिस के इक सिरे पे, हमारा सरेअज़ीज़[2]
और दूसरे पे रखते हैं तशरीफ़[3] बातमीज़[4]

---

1. शरीर 2. प्रिय सिर 3. पधारना 4. सभ्य तरीके से

'MOTHER-TONGUE'

एक Form में भरने थे उन्हें मुखतलिफ़[1] कॉलम
जिस वक़्त आया उसमें मदर-टँग का कॉलम
गुरूमीत ने पूछा कि पापा! इसमें क्या लिखूँ?
बोले कि "पुत्तर लिख दे कि लम्बी ज़बान है,
क़ाबू[2] नहीं है जिस पे, यह ऐसी ज़बान है"।

---

1. विभिन्न (Different) 2. नियंत्रण (Control)

'ये तो यों भी डूब जाता'

गो आदमी अमीर थे, पर थे बड़े कंजूस,
पास अपने फटकने नहीं देते थे चापलूस।

एक दिन चले गए थे वह दरिया की सैर को
और फिर निकल लिये थे वह कश्ती में सैर को

कश्ती जो पलटी, मौजों ने बाहों में ले लिया,
एक आदमी ने बढ़के पनाहों[1] में ले लिया।

जब होश आया, खुश हुए, एहसान[2] मंद थे,
कंजूस थे वह लाख, मगर दर्दमंद[3]— थे।

इक दस रुपये का सिक्का उन्होंने उसे दिया,
उसने सिला[4] जो लेने से इन्कार कर दिया।

वह बोले रख ले तेरा मुक़द्दर बहुत है खूब
वैसे भी मेरे साथ ये जाता ही कहीं डूब।

---

1. सुरक्षा में ले लिया अर्थात् बचा लिया 2. कृतज्ञ (Obliged) 3. सहानुभूति रखने वाले
4. बदला (नेकी का)

'बस हो चुकी नमाज़...'

कहते थे उनसे अपना वज़न न बढ़ाईये,
Gym जा के रोज़ अपने बदन को घटाईये

लेकिन उन्होंने किस की सुनी चल दिये मरहूम[1]
उनकी इस अनसुनी पे सभी आज हैं मग़मूम[2]

जो जीते जी उठा न सके थे ख़ुद अपना भार
यारों के लिये आज वह खुद हो गये थे बार।[3]

वक़्ते-वफ़ात[4] वह थे महज[5] दो सौ दस किलो
और उस पे लम्बा चौड़ा कफ़न भी था दस किलो

थे जाने माने शहर के अच्छे मिज़ाह[6] निगार
यारों ने सदा[7] उनकी सुनी कानों में यकबार[8],

कन्धा न मुझको देने से दामन बचाईये
"बस हो चुकी नमाज़" जनाज़ा[9] उठाईये।

आये हैं यहाँ तक तो लहद[10] जाना ज़रूरी
गर चार में मुश्किल है तो फिर आठ उठाईये।

मिल जुलके उठाओगे तो, उठ जाएगा ये बोझ,
काँधा अगर दुःख जाए तो दूजे का चाहिये।

---

1. स्वर्गवासी, दिवंगत आत्मा 2. दुःखी 3. बोझ 4. मरते वक्त 5. केवल 6. हास्य लेखक, हास्य कवि 7. आवाज़ 8. सहसा, अचानक 9. मृतक शरीर Dead Body 10. क़ब्र

'अगले जनम में'

पढ़ने से जी चुराते थे, बस खेलते थे खेल
वे दोनों आठ बार हुए आठवीं में फ़ेल

इक ने कहा दूजे से चलो ख़ुदकुशी कर लें,
दरिया में कूद जाएँ चलो ख़ुदकुशी करलें

अपलम ज़रा होशियार था, चपलम से ये बोला
तू भोले का भोला रहा, है आज भी भोला

एक और चाँस ले के क्यों न जमके हम पढ़ें
अगले जनम में दाख़िला क्यों नर्सरी में लें।

‘दौलत और तजरूबा’

कैसे सँवारा अपना मुक़ददर बताईये!
किस तरह बने इसके सिकंदर बताईये।

विज़नस में पार्टनर जो बना, था बड़ा अमीर
और तजरूबा था पास मेरे, था निरा फ़क़ीर

दौलत और तजरूबे ने बड़ा काम ये किया
क़िसमत ने दोनों बंदों को इनआम ये दिया।

दौलत ने उसकी, उसको दिया तजुरूबा दरकार
और तजरूवे ने मुझ को बनाया है साहुकार।

दौलत गवाँ के अपनी, वह रहता उदास है,
उसने भी यह जाना है तजरूबा ही ख़ास है।

'आता हुआ शबाब[1], तो जाता हुआ शबाब'

तीखे नुक़ूश[2], चेहरा भी था मिसले[3] माहताब
कमसिन[4] सी दुःलहन पाके बहुत खुश थे आफ़ताब

अब तक वह क्वाँरे थे किसी ने सुनी नहीं
कोई न पढ़ सका था उन्हें, बंद थी किताब

दोनों में फ़र्क़ फ़ार्श[5] था आमद[6] और रफ़्त[7] का
आता हुआ शबाब तो जाता हुआ शबाब।

क़िस्मत ने उनकी, नख़्ले[8] तमन्ना हरा किया
सूखी हुई टहनी में खिलाया था इक गुलाब।

वह ख़ुद थे आफ़ताब,[9] मगर बदली में छुपे।
चेहरे को उनके, कर गया रौशन ये माहताब।[10]

कम हो गया था उम्र का थोड़ा सा फ़ासला
उनका शबाब, जा के जो लौटा था बा— ख़िज़ाब[11]

रस्मों के बाद यारों ने घेरे में ले—लिया,
जबकि दुःल्हन से मिलने को बेताब[12] थे जनाब[13]

दुःल्हन के भाई बहनों का ज़िम्मा[14] संभाल के,
वह ऐसे हो गये थे कि चींटी भरा कबाब[15]।

---

1. यौवन, युवावस्था 2. नाक नक़शा 3. चाँद की तरह 4. अल्प आयु 5. स्पष्ट 6. आना 7. जाना 8. आकाँक्षा वृक्ष (कामना वृक्ष) 9. सूर्य, सूरज 10. चाँद 11. खिज़ाब (Dye) लगाने के बाद 12. व्याकुल 13. श्रीमान, 14. जिम्मदारी 15. Meat (गोश्त) वाले कबाब, अगर खुले छोड़ दिये जाएं तो उसमें चीटियाँ लग जाती हैं।

'BODY IN SHAPE

जब से वह अपनी बॉडी को लायी हैं Shape में,
अपने को Busy रखती हैं वह Inch Tape में,
पहले वह Over Weight थीं, अब नार्मल हैं वह
रिश्ते अब आ रहे हैं बहुत उनके खेप में।

'शौहर का क़ाफ़िया'

नौकर ने कहा मुझ को नहीं काम है करना,
मेरा हिसाब कर दें मुझे गाँव है जाना,
बोली यें मेम साहब जरा पास तो आना।
तकलीफ़ क्या है तुम को ज़रा मुझ को बताना
ज़िच[1] हो के वह बोला कि वजह साफ है मैडम
हालत ये मेरी तालिबे-इन्साफ़[2] है मैडम।
साहब को जैसे डाँटती हैं बात-बात पर,
वैसे ही मुझे डाँटती हैं, बात-बात पर,
शौहर का क़ाफ़िया[3] भले नौकर से है मिलता
बेइज़्ज़ती लेकिन कभी नौकर नहीं सहता

---

1. आजिज़ आके, परीशान होकर, खिन्न होकर 2. न्याय चाहने वाली 3. ध्वनि समानान्तर शब्द (जैसे अरमान, एहसान, ईमान-इत्यादि) या फिर शौहर, नौकर, जौहर आदि।

‘झालर’

फ़िक्रों में वह डूबे हुए पहुँचे अमीनाबाद,
मोटर से जैसे उतरे, उन्हें आ गया था याद

बेगम ने ये कहा था, कहीं भूल न जाना,
तुम को है आज, नाप की सैन्डल मेरी लाना

दाखिल हुए दुकान में मालिक से ये कहा
जो सैन्डलों का जोड़ा है शोकेस में रखा

बस उस से छोटी नाप की सैन्डल है चाहिए
वह बोला Mr. Sharma! सही नाप चाहिए।

बस यह कलाम सुनते ही सर को झुका दिया
वह शर्माजी का दोस्त था, बस मुस्कुरा दिया

शर्मा ने मुस्कुराते हुये उसको जो देखा
सर नीचे दोबारा किया और उससे ये कहा

सर पर नहीं है बाल, जहाँ तक ये साफ़ है
बस साइज़ खुद ही देख लो वाज़ेह[1] ये नाप है।

वह बोला कि बेहतर है सही नाप लेकर आयें
मुक्किन है बड़ी नाप में, इतने भी न रह जायें?

गुस्ताख़ी मेरी माफ़ मगर मुझ को कहने हैं
झालर लटक रही है जो, उस को तो रहने दें?

---

1. स्पष्ट

मादरी ज़बान[1]

सवाल

तेजी से र वाँ बोलते हैं अपनी हम ज़बान
इसको भला क्यों कहते हैं हम मादरी ज़बान?

जबाव

मम्मी जो बोलती हैं वह बच्चे भी बोलते
इस वास्ते कहतें हैं इसे मादरी ज़बान।

मम्मी के आगे पापा को मौक़ा[2] नहीं मिलता
यों ही कभी कभार हिला लेते हैं ज़बान।

---

1. मातृ भाषा 2. अवसर

ROLEX

अब कार B. M. W. थी, डब्ल्यु वहीद की,
मिलने मिलाने निकले थे वह सुब्हेईद[1] थी

एक हादिस[2] में कार का दरवाज़ा चूर था,
मजमा[3], करीब अगया जो दूर दूर था।

एक शख्स[4] ने कहा कि "अरे आप का इक हाथ,
लगता है हादिसे में कहीं छोड़ गया साथ"।

वह बोले हाथ जाने का इतना नहीं है, ग़म
अपनी घड़ी खो जाने का बेशक[5] है मुझे ग़म

वह हाथ मेरा नक़ली था, पहनी थी जो घड़ी
वह थी बहुत ही क़ीमती Rolex थी असली

---

1. इर्द की सुबह 2. दुर्घटना 3. भीड़ 4. महाशय 5. निःसन्देह

EXTRA-LUGGAGE

पहलु से दिल वह ले गये, हम देखते रहे
और जा के दूर, S.M.S. ही भेजते रहे।

अक्सर[1] तो मैंने चाहा कि उनको दबोच लूं
वह खेल चूहे-बिल्ली का जो खेलते रहे।

मुझको थका-थका के निकाला था मेरा तेल
कूल्हू का बैल जान, मुझे पेलते रहे।

पेंच उनसे लड़ाया तो पतंग अपनी कटगई
और डोर सब ने लूट ली, हम देखते रहे।

उन में नहीं था साथ निभाने का कोई गुण
Extra-Luggage समझ के उनको हम ढकेलते रहे।

जब तक बुलावा आये न, जाने के हम नहीं
वह आरिज़ा[2] समझ के हमें झेलते रहे।

कुछ इतनी चढ़ा ली थी कि उन को नही थी सुध,
जाम[3] उलटा करके मीना[4] वह उँडेलते, रहे।

उनके इसी अमल[5] में सारी बह के रह गयी,
हाथों से बेतहाशा[6] वह समेटते रहे'।

सब पर अयाँ[7] है मौत है बेमौसमी बरसात
सौ साल का सामान सब बटोरते रहें

---

1. बहुधा (Some Times) 2. पुराना रोग 3. प्याला 4. सुराही 5. प्रक्रिया 6. अनायास 7. विदित

'पनीर-पकोड़े'

आया था उनके पास Fiancee का शादी कार्ड
वह हो रही थीं ग़ैर की, करके उन्हें Discard
पहले तो सोचते रहे, जाऊँ कि न जाऊँ?
फिर सोचा प्यार अपनी जगह है मेरा उचित
छोड़ूँ अगर पनीर पकोड़े तो अनुचित।

आखिरी-आँसु

सवाल

शादी के बाद जब कि दुःल्हन होती है रूख्सत[1]
क्यों सब को रूलाती है, बहुत खुद भी रोती है?

जवाब

दरअस्ल[2] उसके होते हैं वे आख़िरी आँसु
फिर सारी उम्र, मर्द को ही रोना पड़ता है।

---

1. बिदा, 2. वास्तव में

‘रस्ते बदल बदल के’

वह जिस को चाहते थे, वह औरों की हो गईं,
उनको धता बता के वह डोली में चढ़गईं।
वह ग़म के मारे थे, निरे बोतल के हो गए,
सुध अपनी भूलमाल, वह टोटल ही खो गए।
इस हाल में वह एक दिन घर से निकल गए,
और बेखुदी[1] में कूच ए-[2] जॉनॉ पहुँच गए।
वह थे नशे में चूर, जो आया उन्हें पेशाब,
नाली पे वहीं बैठ के करने लगे शिताब[3]।
टोका उन्हें किसी ने तो गाने लगे जनाब[4],
उस बेवफ़ा की याद में रोता हूँ मैं संभल के,
आँसु निकल रहे हैं रस्ते बदल बदल के।

---

1. स्वयं अपने को भूल जाना, अपनी सुध मे न रहना 2. प्रेमिका की गली 3. जल्दी से 4. श्रीमान

अल्लाह मियाँ से नाता, जोरू न कोई जाता

जूता हो अगर तँग तो, पैरों में नहीं आता,
महबूब हो तगड़ा तो बाहों में नहीं आता।

आये थे अकेले वह जाँएगे अकेले वह,
अल्लाह मियाँ से नाता, जोरू न कोई जाता।

मम्मी के मॉमले में भड़काये अगर बीवी,
लाएक़[1] है अगर लड़का बातों में नहीं आता।

वादे पे उनके कल के, ये सोच के पछताये,
उड़ जाए अगर तोता, हाथों में नहीं आता।

मिल जाएगा ढूँदे से, घर के किसी कोने में
धन हो जो अगर काला, खातों में नहीं आता।

---

1. योग्य, होनहार

'मुर्दे भी उठ गए'

सोये हुए थे क़ब्रों में, मुर्दे/ सुकून[1] से
औंधा रहे थे मिर्ज़ा भी, लगकर सुतून[2] से

शिद्दत[3] से Cell phone की घंटी जो बज उठी,
मिर्ज़ा के साथ उठ गए, मुर्दे भी को फ़ोन से,

बढ़ कर के एक मुर्दे ने, मिर्ज़ा से यह कहा
आये थे यहाँ, साथ ये आला[4] तो न लाते?

लाये थे तो फिर Soft सी ही, धुन तो लगाते
या फिर 'तक़ी' का शेएर ही वह ज़ेहन[5] में लाते।

धीरे से जिस में बात है करने की इजाज़त
सब को है बड़े प्यार से, बस इतनी हिदायत[6]

''सरहाने 'मीर' के आहिस्ता बोलो,
अभी टुक[7] रोते-रोते सो गया है।''

---

1. शान्ति पूर्वक 2. स्तम्भ (Pillar) 3. तेज़ी से 4. Instrument मीर तकी 'मीर' (उर्दू के मश्हूर शाएर 5. मस्तिष्क, मन 6. निर्देशन 7. ज़रा, तनिक।

‘पानी में दूध

पानी में दूध वह जो मिलाता था दम-ब-दम,
टोका था उसके साथी ने पास आके-उसी दम

ये उलटा काम किस लिए करते हो तुम भला?
वह बोला ताकि कह सकूं मैंने कि दूध में
पानी नहीं मिलाया हैं, भगवान की क़सम”?

वह मुस्कुराये ऐसे

“जोश-ओ जुनूँ की बातें वह करते थे हर घड़ी
डींगे वह मारा करते थे सबसे बड़ी-बड़ी
एक लड़के ने मज़ाक से पूछा “चचा मियाँ”
बच्चा ये पड़ौसन का क्यों सूरत है आप की?
वह मुस्कुराये ऐसे कि इल्ज़ाम हो सही।”

'कुछ फर्क़ नहीं है अलबत्ता'

अपलमः

बस मुझे पे चढ़ गई कि कहूँ बस पे, चढ़ गया
बतलाओ भला, कहने में फ़र्क़ पड़ गया?

चपलमः

सूरत है अगर पहली तो ये हादिसा[1] हुआ
गर दूसरी है समझो कि ये वाकिआ[2] हुआ,
जो भी हो Situation, कुछ फ़र्क़ नहीं पड़ता
हर हाल में लाज़िम[3] हैं तेरा ही टिकट कटना।

---

1. दुर्घटना (Accident) 2. घटना (Incident) 3. अनिवार्या।

'रह रह के मुझ को होता है अक्सर यही गुमाँ'

हैं मेरे एक दोस्त जो आलम[1] में इन्तिख़ाब[2]
उस्ताद-ए-[3] फ़ार्सी है तो उर्दू में लाजवाब[4]

तज़कीर[5] और तानीस[6] में, लग़ज़िश[7] है ज़रा सी
अपनी जगह पे वरना हैं शाएर वह कामयाब[8]

वा[9] कर के तीस साल पुरानी वह डायरी,
मुझ को झिचक झिचक के सुनाते है शाएरी,

कुछ शेएर एतिमाद[10] से पढ़ते ज़रूर—हैं
है जिन को शाया[11] उनको कराने में ताम्मुल[12]

अक्सर तो मुझ को होता है रह रह के यह गुमाँ[13]
क्या वाक़ई अशआर[14] ये अपने उन ही के हैं?

छः महीने बाद जब वह अपना, कलाम शाया कराने पर राज़ी हुए

लीजिए कलाम शाया कराने पर हैं तैयार
हाँ वाक़ई अशआर वे अपने उन्हीं के थे।

---

1. संसार 2. चुने हुए 3. फ़ारसी (भाषा) के उस्ताद 4. अद्धितीय 5. पुल्लिग 6. स्त्री लिंग 7. भूल, (लड़खड़ा जाना) 8. सफल 9. खोल के 10. भरोसा (स्वयँ की इच्छा शक्ति) 11. Publish 12. हिचकिचाहट, झिचक 13. आभास, अनुभूति 14. शेएर का बहुवचन।

नई कॉलोनी में WANTED बनने का सपना

(1)

बस्ती में नयी जाके बसाना था नया घर
याद आता था उस्ताद का वह क़ौल[1] बराबर।

(2)

तुम याँ रहो या वाँ रहो, बनकर रहो अज़ीज़
और अपने पास घर में, हमेशा रखो वह चीज़।

(3)

जिस की पड़ौसियों को जरूरत रहे महसूस
और तुम भी खुद को WANTED करते रहो महसूस

(4)

सारे पड़ौसियों पे नज़र हम ने जो डाली
एक अच्छी बात हम को ये वाज़ेह[3] नज़र आयी

(5)

एक दूसरे के लाज़िम-ओ-मलज़ूम सभी हैं
ग़म और खुशी में शाद[5] और मग़मूम[6] सभी हैं

(6)

हर शख़्स दूसरे की मदद करने को तैयार
जो चीज़ जिसके पास है वह देने को तैयार

(7)

'गोयल' के यहाँ पानी के दो हैं बड़े कन्डाल
फ़ँक्शन में, पार्टी में जो होते हैं, स्तेमाल

(8)

नाटे 'बजाज' अपने यहाँ रखते हैं आरी
ये शय है बड़े काम की धार इसकी है कारी[7]

(9)

'सच्चर' के यहाँ कुछ नहीं Fixo[8] तो मिलेगी?
जो चीज़ भी चिपकाओगे बिल्कुल न-खुलेगी

(10)

ऊपर मकाँ के अपने जो रहते हैं 'चडढा' साहब
परनाले से पानी है हमें उनके दस्तयाब[9],

(11)

'वैंकंट' से लोग लेते हैं उनकी ड्रिल मशीन
मिल जाती है 'खन्ना' से वज़न करने की मशीन

(12)

एक हम हैं कि पास अपने कोई चीज़ नहीं है
लोग आएँ और ले जाएँ वह दहलीज़[10] नहीं है

(13)

हम को यह सोच सोच कर होने लगा मलाल[11]
बस सोचते ही सोचते आया यही ख़्याल

(14)

वह कौन है जिस को नहीं सीढ़ी की ज़रूरत
हर दौर में, हर पीढ़ी को, रहती है ज़रूरत

(15)

बस ठान लिया हम ने कि सीढ़ी बनाएँगे
हर दिल अज़ीज[12] बन के सभी को दिखाएँगे

(16)

फिर देखें भला किस को नहीं अपनी ज़रूरत
लेकर के पास आयेगा हर शख्स ज़रूरत

(17)

बस्ती के एक बाज़ार उसी शाम हम गए
लेकिन ये देख कर के हम मायूस[13] हो गए

(18)

न थी वहाँ पे सीढ़ी न ही बाँस की दुकाँ
क्रिया-करम सामग्री की छोटी सी थी दुकाँ

(19)

बाँसों की हम ने अपनी जरूरत जो ब्याँ की
दुकान के मालिक ने इक हण्डिया मी थमा दी,

(20)

उसने बनी बनायी चिता, सौंप कर कहा
चिन्ता चिता समान है ये सोच लो भाया

(21)

जाना है जिस को जाएगा वापस न आयेगा
बस अपने पीछे अपने करम छोड़ जायेगा

(22)

हम बोले श्रीमान! नहीं जाना है शमशान
उठने के लिए ऊँचा हमें चाहिये—सोपान

(23)
ये सुन के उसने हण्डिया पतावर को फेंक कर
गुस्से से बाँस दे दिये, फ़ौरन उखेड़कर,

(24)
अल-क़िस्सा[14] ये कि सीढ़ी थी तैयार सुबह तक
घर घर में बात फैली थी ये अगली सुबह तक

(25)
बस्ती के मकीं[15] खुश थे कि क्या चीज़ है आयी
क्या काम की 'रिज़वी' ने है यह चीज़ बनायी

(26)
सीढ़ी की खबर सुन के बहुत खुश हुए 'बजाज'
और सबसे पहले सीढ़ी मेरी ले गए—'बजाज'

(27)
वह पाँच फ़िट के, सीढ़ी मिली सात फ़िट ऊँची
चढ़ कर उन्होंने बाँध दी बोगिन-विला ऊँची

(28)
सीढ़ी हमारी जल्द हुई लोगों में मश्हूर
हम से पड़ौसी खुश थे इधर हम भी थे मसरूर[16]

(29)
सीढ़ी के बाद बीवी से मक़बूलियत[17] बढ़ी
बस्ती में अपने रहने की मक़बूलियत[18] बढ़ी।

(30)
बाबी हमारी वैसे तो तबीयत[19] की हैं, सीधी
लेकिन ये हक़ीकत[20] है कि पैदा हुई उलटी

(31)

फैली यह ख़बर कैसे ये हम को पता न था
उर्मिल के सिवा और कोई जानता न था

(32)

उर्मिल हमारी हमारी राखी बहन थीं मिसेज, 'बजाज',
हमदर्द-ओ-ग़म[21] गुसार तो तबीयत की खुश-मिज़ाज,[22]

(33)

एक दिन सुबह वह आयी थीं घबराई हुई सी
बिल्कुल हवास-बाख़्ता[23] बौलाई हुई—सी

(34)

बेगम[24] से बोली, क्षेती[25] चलो लत्ताँ मार दो
जीजू की चिक है जाती रही लत्ताँ मार दो,

(35)

टोना है, टोटका है कि चिक जिस की चली जाये
बेगम जो लात मार दें चिक उस की न रह जाये

(36)

कुछ लोग चिक के जाने को कहते भी हैं आती
खुल न सका ये राज़ कि आती है कि जाती,

(37)

फ़ौरन ही वह जो पहुँची थीं आपात काल में
देखा बजाज भाई तड़पते हैं हॉल—में

(38)

बेगम हमारी बोलीं कि हो जाईये—उलटे।
सुनते ही यह कलाम, वह फौरन हुए उलटे,

(39)

इस तरह सुबह-शाम Practice यही रही,
पड़ती रही थीं लातें Practice यही रही

(40)

हैरत थी तीन दिन में ही वह ठीक हो गए,
और दौड़ करके फिर से वह सीढ़ी पे चढ़ गए,

(41)

जो बेल गिर गई थी उसे—बाँधने लगे
डोरी से गमले, छज्जे वह टाँगने लगे'

(42)

सीढ़ी से और बीवी से जो बढ़ने लगी शोहरत,
अब हाल यह अपना था कि मिलती न थी फ़ुर्सत,

(43)

सीढ़ी तो अपने आप ही जाती थी tour पर,
बीवी के साथ जाना ज़रूरी था tour पर

(44)

बीवी के साथ जाने में रहते थे यों बिज़ी
हरदिल अज़ीज बनने के चक्कर में थे सिड़ी

(45)

चिक जाने कमर-दर्द के Cases थे बेशुमार[26]
लोगों को लात खाने का रहता था इन्तिज़ार

(46)

एक दिन कहा ये बीवी से रूख़ अपना मोड़ दो
जाकर इलाज करने का system ये छोड़ दो,

(47)

बाहर मकाँ के gate पर एक बोर्ड लगा दो
इन्सानियत के नाते, इबारत[27] यह सजा दो,

(48)

"चिक जाने कमर-दर्द से क्या आप परीशान?
हो जाईये निश्चिंत कि मुश्किल हुई आसान।[28]

(49)

लगती है सुबहो-शाम यहाँ लात फ्री में,
होता है हर एक शख्स सेहतयाब[29] फ्री में।

---

1. कथन 2. प्रिय 3. स्पष्ट 4. पूरव 5. प्रसन्न 6. दुःखी। 7. काम की 8. दाढ़ी चिपकाने वाला पदार्थ 9. प्राप्त, प्राप्य। 10. देहरी 11. दुःख 12. प्रिय, वांछित। 13. निराश। 14. कहना तात्पर्य है कि 15. निवासी 16. खुश, प्रसन्न 17. Popularity 18. Utility उपादेयिता 19. स्वभाव 20. वास्तविकता 21. ग म में साथ देनी वाली 22. हँसमुख 23. होश-हवास न रहना 24. उलटी पदाइश की हमारी बीवी और किसी की नहीं। 25. पंजाबी शब्द जिस का अर्थ है जल्दी से। 26. अनगिनत, अगणित 27. तहरीर, लिखावट 28 सरल, 29. स्वास्थ्य लाभ होना।

आज़ाद-नज़्में

'तुम्हारे वादे'

वादा—?
मुसम्ममइरादा[1]।
फ़िक्र[2] को अमल[3] में लाने
की जुस्तुजु[4]।
लेकिन,
तुम्हारे वादे,?
हल्के फुल्के,
गोल मोल,
नाज़ुक और कमज़ोर,
बिल्कुल अण्डों की तरह
आसानी से टूट जाने वाले।

---

1. दृढ़ निश्चय, पक्का इरादा 2. सोच 3. क्रिया कलाप, 4. तलाश, खोज।

'पुरानी हवेली'

दुनिया में कोई आईना ऐसा नही जो किसी
बदसूरत औरत से यह कह सके कि
तू सूरत की अच्छी नहीं।
क्योंकि
खुदसताइश[1] और खुदफ़रेबी[2]
औरत की फ़ितरत[3]
और तारीफ़?
उसकी कमज़ोरी है।
फिर भी

आराइश और ज़ेबाइश[4]
यानी मेक अप (Make up)
औरत का पैदाइशी हक़[5] है।

मेक अप?
जिसके लुग़वी[6] माना हैं,
इरादा करना
जी में ठान लेना या
कमी को पूरा करना।

लेकिन
जी में ठान लेने
और
कमी को पूरा करने का इरादा
अगर कोई
सिनरसीदा[7] खातून[8] करे

और जी भर के करे।

यानी,
चेहरे पे COSMETICS की दबीज़[9] तहें[10]

आँखों पर मस्कारा
और
होठों पर लाल Lipstick
तो मआअन[11]
ख़्याल आता है,
कि

जैसे किसी टूटी फूटी पुरानी हवेली पर
बड़े चाव से,
किसी इश्तिहारी कम्पनी का रंग-ओ-रोग़न किया गया है।

---

1. अपनी तारीफ 2. खुदको धोखा देना 3. स्वभाव, Nature 4. सजना संवरना 5. जन्म सिद्ध अधिकार 6. शाब्दिक अर्थ 7. वयोवृद्ध (Aegd) 8. महिला, (Lady) 8. मोटी, 10. Layers 11. सहसा।

दाम न दारद

— पुलिस ने
— धंधा करने वाली औरतों के
— बालाख़ानों[1] पर धावा बोला,
— और उन्हें गिरिफ़्तार करके
— थाने के लॉकअप में डाल दिया।
— कई दिनों तक उनकी
— ज़मानत न हो सकी।
— क्योंकि
— रातों को ऐश करन वाले
— दिन के उजालों में
— अपनी नेकनामी पर
— दाग़ लगने से खाएफ़[2] थे।
— इस दौरान,
— एक मश्हूर सिहाफ़ी[3] ने
— धँधा करने वालियों का इन्टरव्यू लिया
— आपको यहाँ कोई तकलीफ़?
— जी! कुछ नहीं।
— कोई शिकायत?
— बस इतनी कि काम वही है
— दाम न दारद।

---

1. कोठों, वेश्यालयों 2. आशंकित 3. पत्रकार

'अल्लाह-ताला'

अन्दरून-ए-महल[1],
बीसवीं सदी के अवाइल[2] की,
ये मस्जिद?
एक ऐसी साहिब-ए-ख़ाना[3] की है कि
जिन्हें,
अपने कारोबार और सूद-ओ-ज़ियाँ[4] से,
फ़ुर्सत नहीं।

मस्जिद?
वीरान है,
उजाड़ है,
जा-[5] ब-जा मकड़ी के जाले लगे हैं।
दीवारें मौजूद,
दर ग़ायब,
छत नदारद।

मस्जिद में सिर्फ़,
सूरज आता है,
बारिश आती है,
या फिर,

मुहल्ले की बकरियाँ आती हैं।
नमाज़ी कभी न देखे गए।
अहले-ख़ाना[6] को फ़ुर्सत नहीं
कि मस्जिद की खबर लें।
एक बुज़ुर्ग, सफेद-रीश[7] ने एक दिन
साहिब-ए-ख़ाना को रोका
उन्हें टोका कि
पाक-परवर दिगार के घर की यह बेहुर्मती[8] है।

साहिबे-ख़ाना का जोश-ए-[9] ईमानी
औद कर आया,
कारीगरों को बुलाया,
स्टीमेट लिया
और
मस्जिद के
दर-ओ-दीवार,
ठीक करा दिए।

लेकिन छत
फिर भी ग़ायब थी।
शायद इस लिए कि
बवक़्ते-जरूरत[11],
आह-ओ-फ़रियाद
ब-राह-ए[11]-रास्त
ऊपर तक जा सके।
ग़रज़येकि
मस्ज़िद में एक खूबसूरत दरवाज़ा लगा, कुण्डी लगी,
साथ में एक ताला भी लगा।

अब।

मस्जिद महफ़ूज़[13] है। मुस्तक़िल[14] बंद रहती है।

बकरियाँ नहीं आतीं

और नमाज़ी?

पहले की तरह,

अब भी नहीं आते।

गोया?[15]

पहले, अल्लाह-तआला रहता था,

अब सिर्फ,

ताला रहता है।

---

1. महल के अन्दर 2. बीसवीं सदी के प्रारम्भ में निर्मित 3. घर के मालिक 4. लाभ-हानि 5. जगह-जगह 6. घर के मालिक 7. सफेद दाढ़ी वाले 8. अनादर 9. सत्य भाव, धर्म-भाव 10. उभरना 11. समय पड़ने पर 12. प्रत्यक्ष, सीधा 13. सुरक्षित। 14. निरंतर 15. अर्थात् या (कहने का तात्यय है कि)

धँधा ये इस की है पसंद

('जिगर' जालधँरी के इस शेएर से प्रेरित होकर)

जिस बशर की बन्दिगी पर तुझ को इतना नाज़ था।
पेट अपना भर रहा है—तेरी मूरत बेच कर।

— यह एक मूर्तिकार है
— और
— पेट से लाचार है।
— अपना खुदा तराशकर,
— बेचे भी न तो क्या करे?
— बंदा तो यह उसी का है,
— धँधा ये इस की है पसंद।
— अपने खुदा को बेचकर,
— घर भर का पेट पालकर,
— शुक्रे खुदा के बाद यह,
— उस मूर्ति के रुबरू,
— जो कल है उस को बेचनी,
— फिर से नमन करेगा यह,
    — यही तो इस का काम है,
    — यही तो इस की सुब्ह है,
    — यही तो इस की शाम है।

'बिलआख़िर'

— उसने सवाल किया,
— शादी कर के आप को क्या सुख मिला?
— हमने कहा
— अच्छा घर मिस्ल ए- जन्नत[1] है,
— दारुस्सुकून[2] है।
— शादी ज़ेहनी[3] और जिस्मानी[4] आसूदगी[5] का
— वसीला है।
— बोले,
— ये सब कहने की बाते हैं
— आसूदगी की हज़ार घाते हैं।
— मुझे देखो।
— आज़ाद पंछी हूँ।
— जहाँ चाहा दाना चुगा और
— जब चाहा, फुर से उड़ लिए।
— न बीवी का दुःखड़ा,
— न बच्चो का रोना
— न आटे-दाल की फ़िक्र।
— ग़रज़येकि[7]
— हर झंझट से आज़ाद।
— माबदौलत ऐश करते हैं,
— माँ बहने सेवा करती है।
दस साल बाद, देवा-शरीफ़ के मेले में,
— अचानक उन से मुलाक़ात हुई।
— मैंने पूछा,
— कहो भाई! क्या हालचाल हैं?

— शादी वादी की, घर वर बसाया?
— बोले,
— अजी शादी कहाँ हम तो बेहाल हैं,
— रू-ब-[8] ज़वाल हैं।
— बहने घर की हुई,
— माँ अल्लाह को प्यारी हुईं,
— और अब मैं भी पैंतालीस के लपेटे में हूँ।
— स्याह सफ़ेद बालों में
— दाहिनी हाथ की उंगलियों से कंधा किया,
— बालसँवारे
— फिर खंखारे,
— कुछ लम्हे ग़ौर किया फिर 'साहिर' लुधियानिवी की तरह बोले,
— सोचता हूँ किसी बेवा से शादी कर लूँ।
— जवाबन [9]
— हमने भी 'मजाज़' लखनवी का बर्जस्ता[10] जुमला[11] दोहराया
— अजी बेवा से क्या?
— किसी से करलो।
— बेवा तो हो ही जायेगी।

---

1. स्वर्ग की तरह, स्वर्ग का नमूना 2. शान्ति निकेतन 3. मानसिक 4. शारीरिक 5. तृप्ति, सन्तुष्टि 6. माध्यम 7. कहने का तात्पर्य यह हैं कि 8. पतन की ओर 9. उत्तरोत्तर में 10. तुरन्त 11. वाक्य

‘क्या ताख़ीर है जनाब’?

— नफ़ीस कपड़ों के ज़ौक़,[1]
— और
— शादियों में शरीक[2] होने के शौक़ में,
— वह हमेशा से आगे थे।
— मुरग़ग़न[3] गिज़ाएँ नोशीजान[4] करना
— उनका खास मशग़ला[5] था।
— लेकिन अस्ल मसअला[6]?
— मौक़े की तलाश।

— यों तो नेक और सईद[7] थे
— दौर-ए- माज़ी[8] का हाल-ए-जदीद[9] थे।
— फिर भी सुफ़ूफ़[10]-ए- शबाबे[11] सानी के घोल से
— बालों को रंग देकर,
— चेहरे के झोल को,
— एक ख़ास ढंग देकर,
— किसी न किसी शादी में
— बिन बुलाये,
— पहुँच ही जाते थे।

— लड़की वाले समझते, बराती हैं।
— और लड़के वालों को ये गुमान, कि लड़की वाले हैं
— आज तक पहचान न हो सकी।
— हरबार,
— इज़्ज़त का, मुहाफ़िज़[12],
— वही ख्बुलइज़्ज़त।[13]

— रातें?
— आराम से बारात ख़ानों में,
— और
— दिन?
— खाने की जुस्तुजु में,
— ख़ैरात खानों[14] में गुजरते थे।

— एक दिन तैयार होकर घर से निकले,
— हज़ार कदम चले होंगे कि एक कोठी में,
— ख़ासा इन्तिज़ाम नज़र आया,
— दिन के खाने का मौक़ा नज़र आया।

— लम्हे भर के लिए ग़ौर किया
— यह कैसी बारात है?
— न बाजा न गाजा, न कोई हू-हक़।
— सोचा शायद कोई मुस्लिम शादी है
— वह भी ख़ास शरअई[15]

— जिस में बारात के साथ बैण्ड बाजा नहीं होता।
— दिल ही दिल में खुश थे कि
— चलो! खाने का कुछ इन्तिज़ाम तो हुआ।
— जाके पण्डाल में
— दरी चाँदनी के फ़र्श पर बैठ गए,
— बारातियो की तरह ऐंठ गए।

— ख़्याल किया दस्तर ख़्वान[16] अब बिछा ही चाहता है।
— बिछेगा तो टूट पड़ेंगें।
— भूख के मारे बुरा हाल था
— दस्तरख़्वान बिछने का इन्तिज़ार किया

— पेट में दौड़ते भागते चूहों ने परीशान कर रखा था।

— ख्याली पुलाओ पकाते रहे।
— पेट की आग दहकाते रहे।
— न क़ाब[17] आई न सालन[18] के प्याले
— तो यह भोले भोले
— एक साहब से पूछ ही बैठे,
— क्या ताख़ीर[19] है जनाब?
— जवाब मिला,
— अभी मय्यत[20] नहलायी जा रही है।

---

1. आभिरूचि 2. सम्मिलित होना 3. तरतराते हुए पकवान 4. खाने की प्रक्रिया 5. किसी काम में संलग्न होना 6. समस्या 7. भलेमानुस। 8. भूतकाल 9. वर्तमान स्थिति 10. पाऊडर 11. पुर्नयौवन (तार्त्यय खिजाब से है) 12. रक्षक 13. असीम आदरणीय परमात्मा 14. दान पुण्य संस्थान 15. इस्लामी उसूलों के आधार पर किया जाने वाला काम् 16. लम्बा और कम चौड़ा कपड़ा (Plastce Sheat) जो सामूहिक भोज के लिये बिछाया जाता है। 17. बड़ा प्याला 18. रसे दार गोरत या सब्जी का व्यंजन 19. देरी, विलम्ब 20. मृतक शरीर (Dead Body)

‘दफा-376’

— गर्मी के मौसम में,
— भरी दो पहरिया,
— एक नौ-जवान औरत ने,
— थाने जाकर रपट लिखवाई,
— कि,
— उसके पड़ौसी ने,
— घर में अकेले पाकर,
— ज़बर्दस्ती,
— उसके साथ मुँह काला किया।

— छोटे दारोगा ने उसकी बिपता सुनी,
— अफ़सोस ज़ाहिर किया,
— हमदर्दी जतायी,
— और ताज़ीरात-ए-हिन्द, दफ़ा 376 के तहत,
— मुआमला दर्ज कर लिया।

— थाने के बाहर गहरा सन्नाटा,
— लू के थपेड़े,
— और,
— तेज़ हवाओं की साँय साँय।

— थाने के बाहर भी गहरा सन्नाटा,
— सिर्फ़ छोटे दरोग़ा,
— और,
— जवान औरत की साँसे,
— हुस्न की तपिश,
— और,
— दरोग़ा की तेज़ निगाहों की धूप।

— दरोग़ा ने रजिस्टर आगे किया,
— औरत का हाथ पकड़ा,
— और,
— रपट पर उसका अंगूठा लगवा लिया।

— हाथों में हाथ आया
— दरोग़ा के, रग-ओ-पै[2] बिजली सरायत[3] कर गई
— पलक झपकते ही,
— मासूम औरत,
— क़ानून के
— मज़बूत
— और
— खुदमुख़्तार[5] हाथों में
— महफ़ूज़[6] थी।

— दरोग़ा की ऊँची-ऊँची सासों,
— और,
— अबला की दबी दबी सिस्कियों से,
— पुलिस का रिकार्ड-रूम गूँज रहा था।

— वह एकबार फिर, घायल हो चुकी थी,
— कुछ लम्हों[7] तक,
— बेहिस-ओ-हर्कत[8] रहने के बाद,
— उसने उठने की कोशिश की।

— शिकमसेर[9] दारोग़ा ने,
— सहारा दिया,
— उसके बेतरतीब[10],
— लिबास को ठीक किया।

— ओढ़नी को सलीक़े[11] से,
— सर पर सजाया
— और
— उसके दिल पर हाथ रखकर
— क़सम खायी
— यक़ीन दिलाया
— कि वह,
— मुजरिम की गिरिफ़्तारी,
— और,
— उसे सज़ा दिलाने में,
— कोई कसर[12] बाक़ी न रखेंगे।

---

1. भारतीय दण्ड संहिता धारा 376 2.गर्मी 3. धमनियों में, नाड़ियों में 4. प्रवाहित 5. स्वाधीन, निरंकुश। 6. सुरक्षित 7. क्षण 8. निष्क्रिय, बेजान 9. उदरपूर्ण, तृप्त, सन्तुष्ट 10. अस्त-व्यस्त 11. ढंग 12. कमी।